Sammlung Luchterhand 174

Max von der Grün
Leben im gelobten Land

Gastarbeiterporträts

Luchterhand

Erstausgabe. Sammlung Luchterhand, Mai 1975
6. Auflage Januar 1980

© 1975 by Hermann Luchterhand Verlag GmbH & Co KG,
Darmstadt und Neuwied
Gesamtherstellung bei
Druck- und Verlags-Gesellschaft mbH, Darmstadt
ISBN 3-472-61174-X

INHALT

Diese Kälte hier in Deutschland macht mich krank; ich habe immer noch Heimweh, heute manchmal noch stärker als vor fünf Jahren; Heimweh ist eine Krankheit, und diese Krankheit ist nur in der Türkei zu heilen; aber in Anatolien gibt es für mich keine Arbeit, keinen Verdienst, keine Möglichkeit, irgendwann einmal nach oben zu kommen, wie ein Mensch zu leben, mit Haus und geregeltem Einkommen: ich muß vorerst in Deutschland bleiben, muß mit dieser Krankheit leben; in dieser Kälte; die Kälte hier in Deutschland, das sind die Menschen.

Osman Gürlük lebt heute mit seiner Frau und der dreijährigen Tochter Ipek in einer Zweieinhalbzimmerwohnung im Dortmunder Norden, in einem Viertel, das ausschließlich von Türken bewohnt wird. Die Deutschen sagen: Türkenviertel. Die deutschen Mieter sind nach und nach, als immer mehr Türken in das Viertel kamen, in andere Stadtteile gezogen, in Neubauten. Das »Türkenviertel« besteht ausschließlich aus Altbauten, die von den Eignern heute nur noch notdürftig renoviert werden, weil die Häuser irgendwann einmal abgerissen werden durch die geplante Stadtsanierung. Türken unter sich mit eigenen Läden und Gaststätten. Die Deutschen, kommen sie in die Nähe des Viertels, sagen: Man riechts. Seit nicht ganz drei Jahren lebt Osman Gürlük mit seiner Familie in dieser Wohnung, zwei Jahre hatte er in einer Steinbaracke gewohnt, in einem Zimmer zusammen mit drei Türken, vier Mann auf einem Zimmer, fünfundzwanzig Quadratmeter, zwei Stockwerkbetten, vier Stühle, vier Stahlblechschränke, ein Tisch, ein Rahmengestell für einen zweiflammigen Gaskocher, Toilette und Waschraum am Ende der Baracke in einem Ziegelanbau, vier Toiletten für vierzig Männer, vier Duschen für vierzig Männer, vier Handwaschbecken für vierzig Männer. Jeder von ihnen zahlte für eine Schlafstelle fünfzig Mark im Monat, ohne Nebenkosten, also ohne Strom, Gas, Wasser, Reinigung und was sonst noch anfällt. Osman Gürlük ist dreißig Jahre alt, er hat schwarze, etwas gelockte Haare, kurzgeschnitten, einen Schnurrbart, »Seehundschnurrbart«, und eine auffallende höckrige Nase. Gürlük ist seit fünf Jahren in der Bundesrepublik, er spricht erstaunlich gut Deutsch, er stockt nicht mehr im Gespräch, weil er nicht mehr nach Worten suchen muß, während seine Frau nur so viel spricht, daß sie ohne Schwierigkeiten auch in deutschen Läden einkaufen kann. Lebensmittel kauft sie im türkischen Geschäft, das aber auch deutsche Lebensmittel führt. Ihr Kind hat wenig Kontakt mit deutschen Kindern, es wächst mit türkischen Kindern auf. Deutsche Kinder verlaufen sich selten in das türkische Viertel, es sei denn, sie spielen Räuber und Gendarm oder Indianer, und dann sind die Türkenkinder die Räuber oder die Indianer. Das Viertel besteht aus einer etwa zweihundert Meter langen Straße mit zwei Sackstraßen links und drei Sackstraßen rechts von etwa hundert Meter Länge. Die deutschen Anrainer sagen: Das ist der Orient. Für seine Wohnung bezahlt Osmann Gürlük 240 Mark Kaltmiete. Im Winter heizt er mit Kohle. Alle Einrichtungsgegenstände in seiner Wohnung hat er sich vom Sperrmüll oder vom Müllplatz geholt: Elektroherd, Ofen, Möbel, Kühlschrank, Schränke, Betten, Couch und Sessel.

Man glaubt ja gar nicht, was die Deutschen alles so wegwerfen, oft ganz neue Sachen, man muß sie nur reinigen, dann sind sie wieder neu, oder man muß handwerklich etwas geschickt sein, dann kann man alles selbst reparieren; ganze Vermögen landen bei den Deutschen auf dem Müll, und nicht weil etwas unbrauchbar geworden ist, nein, es gefällt ihnen einfach nicht mehr; drei Jahre stand ich in der Türkei auf der Warteliste für eine Arbeit in Deutschland, in der langen Zeit wartete ich jeden Tag auf den Briefträger, andere mußten, das habe ich später erfahren, die doppelte Zeit warten; mir war es egal, was für eine Arbeit sie mir im gelobten Land geben würden, Hauptsache Arbeit, Hauptsache, endlich Geld verdient, nicht nur Almosen einsammeln und auf die Gnade eines Patrons angewiesen sein; für uns Türken, für die große Mehrzahl von uns Türken, ist die Bundesrepublik das Land, in dem Milch und Honig fließen; was hatte ich nicht alles für Vorstellungen, wir glaubten doch alle, daß wir in ein paar Jahren reiche Leute sein würden, und wenn wir in die Türkei zurückkehrten, dann sind wir so wohlhabend, wie bei uns die Großgrundbesitzer, wie mein Patron, bei dem ich fünf Jahre auf den Feldern gearbeitet habe; aber so einfach ist das in Deutschland nicht, ich verdiene nicht schlecht, nicht einmal nach deutschen Maßstäben, aber Deutschland ist ein teures Land, und wenn man sich etwas zusammensparen will, dann muß man verzichten lernen, und auch das ist nicht einfach, weil man doch nach Deutschland gekommen ist, um sich etwas zu leisten, nicht um wieder verzichten zu müssen; ich verdiene gut, und es ist mir noch nie so gut gegangen wie jetzt, und ich hätte nie zu träumen gewagt, daß es mir einmal so gut gehen könnte. Aber nach fünf Jahren Deutschland bin ich immer noch ein Fremder in diesem Land, mir ist immer noch kalt; ein bißchen besser ist es geworden, seit meine Frau hier ist, mein Kind; ein Stück Heimat; aber schon wenn ich aus unserem Viertel herauskomme, dann beginnt die Hetze, dann sehen die Deutschen in uns nur den Fremdarbeiter, den Türken, den Orientalen; ich weiß nicht, was es ist, aber ich habe die Erfahrung gemacht, daß die Deutschen jeden Ausländer besser leiden können als uns Türken; was ist eigentlich los mit uns, wir haben die Nase doch auch mitten im Gesicht; die andere Religion? Aber man sieht einem Menschen doch nicht an, welche Religion er hat.

Einer Umfrage aus dem Jahre 1974 zufolge stehen die türkischen Gastarbeiter in der Bundesrepublik am Schluß der Sympathieskala, von tausend Befragten äußerten 998, daß ihnen die Türken am unsympathischsten wären. Osman Gürlük kommt aus einem Dorf in der Nähe der kleinen

Stadt Sile am Schwarzen Meer, etwa achtzig Kilometer östlich von Istanbul. Sile ist heute ein aufstrebender Badeort mit drei neugebauten Hotels und einem kilometerlangen Sandstrand, es hat ein kleines Krankenhaus, dessen medizinisch-technische Ausrüstung von einer deutschen Hilfsorganisation gespendet wurde; der fast viertausend Einwohner zählende Ort hat darüber hinaus noch einen Polizeiposten und eine Kommandantur. Sile besitzt seit einigen Jahren einen Marinehafen für kleinere Kriegsschiffe. Ich habe Gürlüks Verwandte in ihrem Dorf besucht, ihre Häuser sind Hütten, die Straße unbefestigt, überall Staub und wieder Staub. Es gibt Ziegen, Schafe und Hühner, angebaut werden Mais, Weizen und Melonen. Gürlüks Verwandte arbeiten alle in der Landwirtschaft, entweder für ihr kleines Stück Land oder auf den Feldern des Patrons, des Großgrundbesitzers, bei dem auch Osman gearbeitet hat, bevor er nach Dortmund kam.

Mein Vater ist beim Patron im wahrsten Sinne des Wortes unter die Räder gekommen; ein anderer Arbeiter hat ihn überfahren mit dem Traktor; mein Vater lag in einer Furche und hat geschlafen; wer schläft ist schuldig; aber der auf dem Traktor muß auch geschlafen haben, sonst hätte er doch meinen Vater sehen müssen; also kein Geld für die Familie, der Patron hat nur die Beerdigung bezahlt; mein Onkel hat mich überredet, nach Deutschland zu gehen; er hatte schon drei Jahre bei Ford in Köln gearbeitet, bevor ich nach Deutschland kam, eines Tages war er mit seinem Auto, mit seinem eigenen Auto nach Sile gekommen; das war ein Ereignis; ich wollte auch so ein Auto, also mußte ich verdienen, damit ich es bezahlen konnte; eigentlich war es sein Auto, das mich nach Deutschland lockte; mit dem Geld, das ich auf den Feldern verdiente, hätte ich mir das nie leisten können, ich habe nebenbei auch als Mechaniker gearbeitet, habe alles Mögliche repariert, Traktoren und Lastwagen und auch Autos, meist alte amerikanische Schinken; man muß bei uns annehmen, was geboten wird, eine Auswahl hat man nicht, nimmt man eine Arbeit nicht an, weil sie zu schwer ist oder nicht viel bringt, nimmt sich die Arbeit ein anderer, der schon lange darauf gewartet hat; aber was gibt es schon zu verdienen, an Leuten, die selbst nichts haben; es waren, gemessen an dem, was ich heute verdiene, nur bessere Trinkgelder, die paar Lira reichten kaum zum Leben, und daß man über die Runden kommt, liegt daran – einmal in seinem Leben kauft man sich einen Anzug und ein Paar Schuhe – weil alle in der Familie zusammenlegen; die ganze Familie hilft; ich war auf Deutschland sehr neugierig, wir Türken bewundern die Deutschen; ich habe auch viel über Deutschland gelesen, und wenn ich heute zurückdenke, dann muß ich gestehen, daß ich mich immer mehr für Deutschland interessiert habe als für mein eigenes Land, wahrscheinlich deshalb, weil mir mein Großvater immer viel von den Deutschen erzählt hat, er war im ersten Weltkrieg bei den Deutschen an den Dardanellen; mein Onkel schickte Briefe aus Deutschland und schrieb, wie es da ist und auch, daß er jeden Tag satt wird mit Fleisch und Gemüse, vor allem mit Fleisch, und als er zum ersten Mal wieder zurückkam, hat er tagelang nur von Köln erzählt und von der großen Fabrik, in der er arbeitete, von den Fordwerken; als er kam und aus seinem weißen Ford ausstieg, es war kein neues Auto, da zog er ein ganzes Bündel Banknoten aus seiner Hosentasche; so viel Geld hatte ich noch nie gesehen, nicht einmal beim Patron; er hat mit Geldscheinen nur so um sich geschmissen und alle Freunde freigehalten; aber als ich dann selbst in Deutschland war, da merkte ich bald, daß nicht alles Gold ist, was glänzt; die Kälte hier geht von den Menschen aus, die Deutschen haben keine Zeit, alles muß bei ihnen schnell gehen, das Wort langsam kennen sie nicht, in der Türkei würden sie das Warten schon lernen; wer in Deutschland was werden will, der muß arbeiten, flink arbeiten, sauber arbeiten; es wird einem nichts geschenkt; auch den Deutschen wird nichts geschenkt; wenn aber die Deutschen merken, daß man Türke ist, dann zucken sie die Schultern und lassen einen stehen; in der Fabrik sagen sie manchmal Kümmeltürke oder Ali oder Mohammed; das ist nicht schön, aber was soll man machen; in der Fabrik sind sie die Stärkeren; warum widersprechen, warum sich das Leben schwer machen, warum sich das Leben noch schwerer machen als es für uns ohnehin schon ist in dem kalten Land, wir haben wenig Rechte, wir sind geduldet, und auch das nur so lange, so lange wir gebraucht werden; hier in Deutschland gehen die Menschen gut gekleidet, es gibt hier schöne Gaststätten und saubere Läden, da gibt es alles zu kaufen, Dinge, die ich vorher nie gesehen habe, nicht einmal in Istanbul, die deutschen Arbeiter haben schöne Wohnungen mit Badezimmer und Balkon und viele haben für ihre Autos Garagen, die sind schöner und besser und fester gebaut, als so manches Wohnhaus in der Türkei, die deutschen Arbeiter leben besser, wohnen besser als bei uns die wohlhabenden Leute, die Mädchen sind schön und frei, und die Deutschen pflegen ihre Autos und Gärten besser als man bei uns in der Türkei die Kinder pflegt; aus den Wasserhähnen kommt auch heißes Wasser, aber wenn man in einer deutschen Gaststätte ein Glas Wasser bestellt, dann bringen sie Mineralwasser.

Osman Gürlük verdient in einer Dortmunder Kranbaufirma 1200 Mark netto, manchmal auch mehr, denn er drängt sich zu Überstunden. Seit einem Jahr fährt er einen gebrauchten Ford. Würde er dasselbe Geld in der Türkei verdienen, wäre er ein wohlhabender Mann. Hatte er in der Türkei früher überhaupt eine Arbeit gefunden, so kam er auf höchstens zweihundert bis vierhundert Lira im Monat, ungefähr dreißig bis sechzig Mark nach dem derzeitigen Wechselkurs. Osman spart, einen Teil seines Geldes überweist er auf eine Bank in Istanbul; in Dortmund hat er zwei Konten, ein Sparkonto und ein Girokonto, auf das sein Lohn überwiesen wird. Fünftausend Mark sind jetzt schon auf seinem Sparkonto in Deutschland, was er auf der Istanbuler Bank hat, darüber spricht er nicht. Fünftausend Mark Erspartes in fünf

Jahren, obwohl seit drei Jahren Frau und Kind in Deutschland sind, nicht gerechnet das Geld, das er in der Türkei angelegt hat. Deutsche Arbeiter, denen man das erzählt, behaupten, daß das unmöglich sei, entweder habe er in diesen fünf Jahren nichts »gefressen« oder Tag und Nacht gearbeitet. Für sein Auto hat Osman nur achthundert Mark bezahlt, und wenn etwas daran zu reparieren ist, macht er es selbst oder läßt sich von Freunden helfen, er braucht keine Werkstatt, Ersatzteile besorgt er sich vom Schrotthändler oder vom Autofriedhof. Im Türkenviertel hilft jeder jedem.

Ich habe noch nie ernsthaft darüber nachgedacht, ob und wann ich wieder für immer in die Türkei zurückkehre, es gefällt mir hier, meiner Frau gefällt es hier, sie hat in Dortmund Bekannte getroffen, die wohnen zwar am anderen Ende der Stadt, auch in so einem Türkenviertel, aber wir besuchen uns oft; meine Frau ist fünfundzwanzig Jahre alt, sie beginnt jetzt, sich deutsch anzuziehen, sie wird immer schöner in den deutschen Kleidern, die Frauen bei uns auf dem Lande verhüllen sich, so lange ich denken kann, trägt meine Mutter schwarz, die Frauen hier ziehen sich so an, daß sie mehr zeigen, als sie verbergen; meine Frau hat seit einem Jahr eine Arbeit, sie putzt vormittags zwei bis drei Stunden in einer deutschen Gaststätte, sie bekommt für die Stunde fünf Mark; das Kind darf sie mitnehmen, wenn sie putzt; meine Kollegen stänkern, weil sich meine Frau so modern anzieht, sie wollen, wenn schon deutsche Kleidung, daß sie dann wenigstens ein Kopftuch trägt und lange Röcke; warum; muß eigentlich jeder schon von weitem sehen, daß meine Frau eine Türkin ist, schon an der Kleidung erkennen uns doch die Deutschen als Türken, das muß doch nicht sein; die Frauen meiner Kollegen ziehen sich unmöglich an, die tragen Hosen und über die Hosen noch ein langes Kleid; die Deutschen lachen darüber; ich sage mir, wenn man über uns lacht, dann nimmt man uns auch nicht ernst, nicht im Betrieb, nicht auf der Straße; wahrscheinlich werde ich noch lange in Deutschland bleiben, bis ich mir in Sile ein Haus bauen kann; mein Onkel hat sich eins gebaut, ich habe mitgeholfen beim Bauen, wenn ich mir ein Haus baue, dann werden mein Onkel mithelfen und meine Geschwister; ich habe noch vier Brüder, die haben keine Zeit, die müssen auf den Feldern arbeiten, für den Patron, die wollen nicht nach Deutschland, die haben Angst; vielleicht mache ich in Sile einmal eine Reparaturwerkstatt auf, davon verstehe ich was; in Deutschland habe ich viel gelernt, damit läßt sich in der Türkei später vielleicht etwas anfangen, das kann nicht umsonst gewesen sein.

Osman Gürlük arbeitete in Deutschland in den ersten beiden Jahren auf einer Zeche unter Tage, dafür wurde er auch angeworben. Dann traf er einen Landsmann, der in der Kranbaufirma arbeitete, in der er heute selbst beschäftigt ist. Sein Vertrag mit der Zeche lief aus, er bewarb sich bei der Firma und wurde eingestellt. Jetzt ist er Facharbeiter, Schweißer, er hat eine zweijährige Lehrzeit durchlaufen mit Lehrvertrag, bei vollem Lohn, er hat nebenbei Sprachkurse belegt und sich beruflich durch Kurse in der Firma weitergebildet, er hat schnell erkannt, daß er in Deutschland nur etwas werden kann, mehr verdienen kann, wenn er sich weiterbildet, wenn er die Sprache des Landes beherrscht. Er hat nie zu denen gehört, die kein Deutsch verstehen, wenn ihnen die Arbeit nicht paßte, obwohl den Türken in der Regel die schwerste, schmutzigste und damit am geringsten bezahlte Arbeit übertragen wird, Arbeit, zu der sich kein Deutscher drängt. Osman Gürlük arbeitet im Schichtbetrieb: abwechselnd Morgen- und Mittagsschicht. Für Politik interessiert er sich nicht, macht sich aber Gedanken über die Zukunft seines eigenen Landes. Eine Zeitlang las er die Zeitschrift »Kurtulus«, die in Berlin von Türken in Eigenregie gemacht und vertrieben wird. »Kurtulus« wird nicht von Kommunisten hergestellt, es sind oppositionelle und kritische Türken, die ihre Landsleute darüber aufklären wollen: was die türkischen Zeitungen verschweigen — überall in der Bundesrepublik sind türkische Zeitungen zu kaufen —, was die Türken in Deutschland für Rechte haben, wohin sie sich zu wenden haben, wenn es im Betrieb oder außerhalb zu Konflikten kommt. Für aufgeschlossene Türken ist »Kurtulus« neben den Sendungen in türkischer Sprache im Rundfunk und im Fernsehen der dritten Programme eine notwendige Informationsquelle. ✓

Die meisten haben es schwerer, allgemein und vor allem im Betrieb; wir Türken im Betrieb sind die Kulis, die schmutzigste und schwerste Arbeit bekommen wir, und sie wird auch noch am schlechtesten bezahlt; ich habe bald gemerkt, wenn ich in Deutschland was gelten will und Geld verdienen will, dann muß ich eine gute Arbeit haben, und eine gute Arbeit bekomme ich nur, wenn ich gut Deutsch spreche und wenn ich mich beruflich weiterbilde; von meinem Heimatort Sile bis Dortmund sind es dreitausend Kilometer, aber genau genommen sind es doch dreitausend Jahre, die man überspringen muß; ich wußte viel über Deutschland, aber dann war doch alles ganz anders; ja, man muß seine eigenen Erfahrungen machen, nicht nur lesen und hören, nicht alles für Wahrheit nehmen, was andere sagen, man kann sich gegenseitig helfen, dann wird alles leichter; wir Türken sehen im Gesicht schon anders aus, jeder sieht uns an, daß wir Türken sind; und für die Deutschen sind wir einfach Orientalen, wir sind für sie einfach schmutzig, faul, lästig; vielleicht stimmt es, wenn ich denke, wie ich früher rumgelaufen bin und wie ich heute lebe, jetzt ziehe ich jeden Tag eine frische Unterhose an, das wäre mir früher doch nie eingefallen; Deutschland ist ein sauberes Land, da hat alles seine Ordnung und für alles gibt es Gesetze, hier ist alles bis ins kleinste geregelt, auch die Preise in den Läden, am Schaufenster draußen kann man schon feststellen, was alles kostet, da muß man nicht fragen und nicht feilschen, für uns sind die Deutschen die saubersten und ordentlichsten Menschen auf der Welt, die waschen sich dauernd, auch in der Fabrik, bevor sie ein Stück Brot essen; wir kaufen viel im türkischen Laden an der Ecke in unserem Viertel, aber sonst haben wir uns schon an das deutsche Essen gewöhnt, ich würde gerne deutschen Wein trinken, aber der ist für mich zu teuer; meine Frau geht zweimal in der Woche auf den Markt einkaufen, da kauft sie Gurken und Melonen und Tomaten und Obst und Salate, da trifft sie andere türkische Frauen, da werden die Frauen ihre Sorgen los bei der anderen, der Nordmarkt in Dortmund ist doch fast nur noch für Ausländer, da gibt es Sachen zu kaufen, die haben die Deutschen bis vor ein paar Jahren noch nicht gekannt.

Auch jetzt noch, obwohl Osman Gürlük Familie hat, geht er in seiner Freizeit zum Dortmunder Hauptbahnhof, vor allem sonntags. Bahnhöfe sind für die Gastarbeiter Kommunikationszentren – und auch Orte der Sehnsucht. Da laufen Züge ein und fahren Züge ab und, sie tragen oft Namen, die an die Heimat erinnern. Besonders an christlichen Feiertagen, die für Mohammedaner keine Feiertage sind und an denen sie am liebsten arbeiten würden, ist die Bahnhofshalle voll. Da reden sie über ihre Arbeit, über die Deutschen, über Arbeitsbedingungen und Arbeitsplatzwechsel, über Frauen und den letzten Besuch im Bordell, streiten über Preise und ihr Leben in Deutschland; Neuigkeiten aus der Türkei werden verbreitet. Sie erfahren etwas über Bekannte in München oder Hamburg, Adressen werden ausgetauscht, Wohnungen vermittelt, und es wird darüber gesprochen, wie man sich Deutschen und Arbeitgebern gegenüber verhalten soll. Der Bahnhof ersetzt ihnen manchmal auch die Moschee.

Fünf Jahre bin ich jetzt hier, kleide mich wie ein Deutscher, meine Hosen fallen nicht wie eine Ziehharmonika auf die Schuhe, und ich meine, ich verhalte mich auch deutsch in der Öffentlichkeit, aber in diesen fünf Jahren wurde ich nur einmal von einem deutschen Arbeitskollegen in seine Wohnung eingeladen, und das wahrscheinlich auch nur, weil er betrunken war und nicht allein sein wollte oder aber vor seiner Frau Angst hatte, er hatte zu Hause noch einen Kasten Bier; es gab großen Krach mit seiner Frau, die hat ihrem Mann Vorwürfe gemacht, weil er mich, den Kümmeltürken, mit in seine vier Wände genommen hat, die Frau dachte wohl, ich verstehe nicht viel Deutsch, aber ich habe alles verstanden, sie hat gesagt, wenn man so ein Gesindel mitschleppt, muß man froh sein, wenn man in der eigenen Wohnung noch was zu sagen hat, die nehmen gleich von allem Besitz, erst von der Wohnung, dann von der Tochter, und dann muß man wirklich froh sein, wenn man in seinen eigenen vier Wänden noch was zu sagen hat; das hat sie gesagt; der Mann hat sich das eine Weile angehört und hat dann seine Frau verprügelt, und dann hat die Frau bei mir Schutz gesucht; eingeladen wurde ich aber nicht mehr; der Mann hat damals Bier aus dem Keller geholt, er hatte ein schönes Eigenheim mit Garten, dann hat er die Flasche auf den Tisch gestellt, er hat den Fernsehapparat angemacht und wir haben getrunken bis spät in die Nacht, bis das Fernsehprogramm zu Ende war, dann hat er gesagt, ich soll nach Hause gehen, schlafen könne ich nicht in seiner Wohnung; dabei hatte er viel Platz, ich hätte auch in der Hütte im Garten schlafen können, ich mußte den weiten Weg, sieben Kilometer, zu Fuß laufen, Taxi war mir zu teuer und die Straßenbahn fuhr nicht mehr; ja, sie haben schöne Wohnungen, diese Deutschen, Vorhänge vor den Festern, die Frauen putzen dauernd, die Hunde dürfen in die Wohnung und auch auf der Couch oder im Sessel liegen und die Männer haben immer Bier im Haus.

Vor zwei Jahren verbrachte Osman Gürlük seinen Urlaub nicht in der Türkei, er fuhr mit seiner Frau, das Kind ließen sie bei türkischen Freunden, nach Holland in eine billige Pension. Sie fühlten sich noch fremder als in Deutschland. Er war nach Holland gefahren, weil er den weiten Weg in die Türkei gescheut und weil er geglaubt hatte, daß es billiger wäre und er eine Woche Urlaub gewonnen hätte, die sonst durch An- und Abreise in die Türkei verloren gegangen wäre. Urlaub, die Dauer des Urlaubs ist für Gastarbeiter ein zentrales Gesprächsthema, insbesondere für

Türken, die von allen den weitesten und damit auch teuersten Reiseweg in ihre Heimat haben.

Ich bekomme drei Wochen Urlaub, mit Samstagen und Sonntagen sind es insgesamt vier Wochen; wenn ich mit dem Wagen in die Türkei fahre, dann bin ich gut eine Woche unterwegs mit Hin- und Rückfahrt, ein Viertel meines Urlaubs geht durch Reisen verloren — und wenn an der türkischen Grenze alles gut geht; aber manchmal lassen uns die Zöllner warten, man muß alles auspacken, alles wird kontrolliert, der letzte Winkel im Auto, die Touristen fahren einfach durch; mit uns wird ein Tanz aufgeführt von unseren eigenen Leuten, als würden wir Bomben schmuggeln; das ist doch nur Futterneid von den Zöllnern, die sind neidisch auf die Sachen, die wir mitbringen, die wir in Deutschland von unserem schwer verdienten Geld gekauft haben und weil wir uns das leisten können und die armen Schweine in Uniform nicht; ihre Unzufriedenheit und ihren Neid lassen sie dann an uns aus; die türkische Grenze ist für uns Türken eine Qual; dabei habe ich immer noch Glück, ich fahre nur hundert Kilometer hinter Istanbul hinaus, bei vielen ist Istanbul erst der halbe Weg nach Hause, die Deutschen machen sich ja keine Vorstellungen, wie groß unser Land wirklich ist; da gibt es auch keine Autobahnen, wie in Europa, wo man einfach zügig fahren kann; man muß nun mal mit dem Wagen fahren oder mit dem Zug, drei Personen und dann das viele Gepäck, das ist für mich zu teuer mit dem Flugzeug, auch mit Chartermaschinen ist es noch zu teuer; nein, die Deutschen haben für unsere Lage kein Verständnis, schon allein weil sie unsere Verhältnisse in der Türkei nicht kennen, weil sie unser Land nicht kennen, das mehr als drei Mal so groß ist wie die Bundesrepublik, die Vorgesetzten in der Fabrik haben auch kein Verständnis, die sagen einfach, es gibt Gesetze, an die müssen auch wir uns halten, für uns Türken werden keine Extrawürste gebraten, wenn es uns nicht paßt, es hält uns doch keiner, wir können wieder dort hingehen, wo wir hergekommen sind, die deutschen Arbeitskollegen sagen einfach, wir sollen in Deutschland Urlaub machen, die können einfach nicht begreifen, daß wir doch gar keinen Urlaub machen, wie sie das verstehen, wir fahren doch in unsere Heimat, zu den Eltern, Großeltern, Geschwistern, Bekannten und Freunden; was würden wohl die Deutschen sagen, wenn sie in der Nähe von Ankara arbeiten müßten und einmal im Jahr für vier Wochen nach Deutschland fahren könnten; die würden dann doch auch nicht in Urlaub fahren, die fahren dann doch auch in ihre Heimat; wir Türken sind in jeder Beziehung der letzte Dreck, wir sind im Betrieb die Kulis für die Deutschen, manchmal auch für die Spanier und die Italiener; in meinem Betrieb gibt es nur Türken, da ist es nicht so schlimm, wir kommen ganz gut mit den Deutschen aus, Reibereien gibt es überall, aber von Kollegen weiß ich, wenn Ausländer über Ausländer in einem Betrieb was zu sagen haben, Italiener über Türken, Spanier über Jugoslawen, dann ist es schlimm; jeder glaubt dann und benimmt sich dann auch so, als ob er was Besseres ist; vielleicht werde ich bald Vorarbeiter, versprochen haben sie es mir, Vorarbeiter bei den Schweißern, dann hätte ich auch Deutsche unter mir.

Der »Türkenstreik« im September 1973 bei Ford in Köln hat auf das Urlaubsproblem hingewiesen und es einer breiteren Öffentlichkeit bewußter werden lassen, aber es scheint, daß eine Lösung ernsthaft nicht angesteuert wird. Das Problem wird man solange weiter vor sich herschieben, bis es zu einem neuen Unmutsausbruch kommt. Die Türken in der Bundesrepublik haben es von allen Gastarbeitern am schwersten: sie sind weder Europäer, noch gehören sie einer christlichen Religion an und ihre Mentalität ist nicht mit der unseren verwandt. Um einigermaßen menschlich leben zu können, müssen sie dreitausend Kilometer entfernt von ihrer Heimat arbeiten. Von allen ausländischen Arbeitern sind die Türken am wenigsten in unsere Gesellschaft integriert, sie leben in ihren Gettos, es gibt wenige, die sich, wie Osman Gürlük, Respekt verschafft haben, deutsche Frauen lehnen Türken ab. Anfang der sechziger Jahre kamen die ersten Türken auf eine Zeche bei Dortmund, dreißig junge Männer, die zu Gleisbauarbeiten unter Tage eingeteilt wurden, vor Kohle konnte man sie aus Sicherheitsgründen noch nicht arbeiten lassen. Nach der Schicht, in der Waschkaue, wenn tausend Männer nackt unter den Duschen stehen, um sich Dreck, Staub und Schweiß vom Leib zu waschen, standen die Türken mit langen oder kurzen Unterhosen unter der Dusche, sie weigerten sich, sich ganz auszuziehen. Das führte zu Gelächter der deutschen Arbeiter, zu Frotzeleien, schließlich auch zu Beleidigungen, und dann rissen einige Deutsche den Türken die Unterhosen herunter. Es war schwer, den Türken klarzumachen, daß allein aus hygienischen Gründen nackt gebadet werden mußte. Es dauerte mehr als ein Jahr, bis sie das akzeptiert hatten. Andererseits: kommen die türkischen Gastarbeiter nach Jahren wieder in ihre Heimat zurück, für immer oder aber nur für einen längeren Urlaub, dann sehen sie ihr Land und seine Menschen nicht mehr mit den Augen eines Türken, sie haben die Passivität des Türken, der bei jeder Schwierigkeit sagt: Inshallah! weitgehend abgelegt. Sie denken mittlerweile anders, sie denken und handeln nicht mehr nach den Kriterien des Orients, sie haben angefangen, ohne sich dessen in Deutschland bewußt geworden zu sein, deutsche Wertvorstellungen als verbindlich anzusehen. Sie geraten zu Hause nicht selten in Konflikt mit ihren eigenen Leuten, denen sie dann sagen: Ihr seid rückständig, ihr lebt noch wie zu Mohammeds Zeiten.

So lange ich in Deutschland bin, habe ich nur gelernt und gelernt, weil man hier nur weiter kommen kann, wenn man mehr weiß und mehr kann als der andere, aber bis heute habe ich die deutsche Hast noch nicht begreifen können, immer laufen die Deutschen etwas nach, und ich weiß nicht, wem oder was sie nachlaufen; sie haben doch alles; manchmal sagen die deutschen Arbeitskollegen, wir Türken sind faul; nein, wir sind nur langsamer, weil alles so fremd

ist, weil man sich erst zurechtfinden muß, man braucht ein
paar Jahre, um dreitausend Jahre zu überspringen, bis man
sich an das Fremde gewöhnt hat; alles ist fremd, die Städte,
die Fabriken, die Arbeit, die Menschen, die Wohnungen, die
Läden, die Gaststätten, das Essen, die Ordnung, die Nachrichten im Fernsehen und im Rundfunk, die Frauen sind
fremd, die Mädchen und die Musik; die Mädchen wollen mit
uns Türken nichts zu tun haben, den Italienern und
Spaniern laufen sie hinterher, auch den Griechen, wir Türken aber sind für sie Luft; die Mädchen sagen, sie haben
Angst vor uns Türken; das mit den Mädchen hat mir anfangs
am meisten Schwierigkeiten gemacht; wenn ich in der ersten
Zeit in Deutschland in der Straßenbahn fuhr und ein deutsches Mädchen neben mir saß oder stand, dann habe ich
gezittert, ich mußte meine Hände um die Stange oder etwas
anderes krallen, sonst hätte ich das Mädchen vielleicht angefaßt, die sind so schön, die sind so frei, die riechen so gut; es
ist schwer, wenn man als junger Mann einige Jahre allein
leben muß, Bordell ist ja auch keine Lösung, da wird man
hungrig, da verliert man die Beherrschung; ich hatte mal ein
Mädchen, im ersten Jahr in Dortmund, das Mädchen war
siebzehn; ich bin mit ihm ins Kino gegangen, aber sie hat
dauernd über mich gekichert, weil ich doch so schlecht
Deutsch gesprochen habe und alles verwechselt habe, ich bin
mit dem Mädchen auch mal an den Rhein gefahren, mit dem
Zug, ich hatte kein Auto; wenn ein Mann in Deutschland
kein Auto hat, dann ist er schon uninteressant für die
Mädchen; dann hat das Mädchen mich nach Hause eingeladen zu ihren Eltern, und dann war es aus, die Eltern wollten
keinen Türken, dabei war ihr Vater auch nur Arbeiter und
hat weniger verdient als ich und ein Säufer war er auch
noch; ich bin mit dem Mädchen nie ins Bett gegangen,
obwohl es mich gereizt hat bis zum Verrücktwerden, wenn
ich den Versuch gemacht habe, dann hat das Mädchen
gesagt: ich schreie; und dann habe ich Angst gekriegt und
habe es gelassen, bin weggelaufen und habe eine dunkle

Ecke gesucht; wo sollte ich es denn mit ihr auch treiben, Auto hatte ich keins, und in der Baracke war man ja nie allein, immer waren Kollegen auf dem Zimmer, und war man wirklich mal allein, dann war da der Hausmeister, der doch eigentlich nur ein Aufpasser war; ich wäre sofort rausgeflogen, wenn man mich mit einem Mädchen erwischt hätte; ein Bett in einer Baracke kann eine große Sicherheit sein, wenn man nicht weiß, wohin man soll; ein Bett ist ein Stück Heimat in einem fremden Land; ein Bett war das einzige Vermögen, das man hatte, man mußte alles tun, um das Bett nicht zu verlieren.

Osman Gürlük hat oft Ärger und Streit mit seinen eigenen Landsleuten, sie kritisieren ihn und seine Frau und ihr Verhalten, ihre Lebensart, sie sehen es als Verrat am eigenen Volk an, weil seine Frau ohne Kopftuch geht, kurze Röcke trägt, ihr langes schwarzes Haar lose über die Schultern fallen läßt und Osman zu Hause in kurzen Hosen herumläuft. Die meisten türkischen Frauen würden sich am liebsten ebenfalls europäisch kleiden, sie können sich aber nicht dazu durchringen, ihre Männer hindern sie daran. Die Türken, Männer wie Frauen, gehen nie allein, sondern immer gruppenweise durch die Stadt, als müßten sie sich gegenüber einer Welt schützen, in die sie eingedrungen sind und die sie nur unwillig aufgenommen hat. Ein Italiener, ein Spanier, ein Grieche verliert sich heute im Straßenbild, nicht der Türke. Dagegen wehrt sich Osman Gürlük, er ist sich mit seiner Frau einig, daß man zwar nicht mit den Wölfen heulen, aber sich in gewisser Weise, in dem Land, in dem man lebt, anpassen muß, weil das Leben in der Fremde dann erträglicher wird; er will nicht ewig Fremder sein. Osman Gürlük bewacht zwar seine Frau, wie die anderen Männer auch, aber er sperrt sie nicht ein, im Gegenteil, er ermutigt sie, allein mit dem Kind in die Stadt zu gehen.

Mich hat kaum ein Deutscher darüber aufgeklärt, was ich im Betrieb darf und was nicht, was ich für Rechte habe, die sprechen doch sonst nur immer von den Pflichten, die Deutschen klären uns über die Pflichten auf, wir Türken untereinander klären uns über unsere Rechte auf; ich habe den Verdacht, daß die deutschen Kollegen in der Fabrik, auch die Vorarbeiter und Meister und auch die Betriebsleitung gar kein Interesse daran haben, uns Türken aufzuklären, damit sie leichter mit uns umspringen können; Arbeitsrecht, so etwas gibt es in der Türkei nicht, da ist man ausgeliefert, bei uns gibt es nur Pflichten, jedenfalls habe ich in der Türkei nur Pflichten kennengelernt; die deutschen Arbeiter haben auch Rechte, viele Rechte, gute Rechte, aber die Deutschen sind erstaunt, wenn wir Türken auch mal von diesen Rechten Gebrauch machen, die sind richtig erstaunt und manchmal sogar verblüfft, wenn ich zu sagen wage, daß ich zu dem oder dem nicht verpflichtet bin; dann drohen sie mit Rausschmiß, aber wenn man hart bleibt, sich nicht einschüchtern läßt, dann machen sie doch einen Rückzieher, weil sie im Unrecht sind; die Gewerkschaft hilft uns schon, das ist eine gute Einrichtung, ich bin Gewerkschaftsmitglied, da kann man auf die Geschäftsstelle kommen und fragen, man bekommt immer eine Antwort und auch Hilfe, mit den Betriebsräten im Betrieb ist es schon schwieriger, die halten meistens zu den Deutschen; wir sind hundert Türken im Betrieb bei einer Gesamtzahl von tausend Beschäftigten, aber wir haben keinen Vertreter im Betriebsrat, ich hätte mich aufstellen lassen sollen, ich wäre wahrscheinlich auch gewählt worden von meinen Kollegen, ich bin ja Vertrauensmann für die Türken in der Firma, weil ich am besten Deutsch spreche, aber ich will lieber Vorarbeiter werden; wenn es schon gleiche Arbeit für alle gibt, dann muß es auch gleiche Gesetze für alle geben; die Deutschen dürfen sich nicht wundern, wenn wir Türken im Betrieb zusammenhalten, damit wir nicht dauernd benachteiligt werden; wir wollen doch keine Extrawurst, wir wollen auch keine Schwierigkeiten machen, aber wir wollen für die gleiche Arbeit auch das gleiche Geld und im Betrieb die gleichen Rechte, was den Deutschen selbstverständlich ist, muß für uns auch selbstverständlich sein, wir wollen Arbeiter sein und keine Kulis, nicht die Handlanger der Deutschen; man muß hier in Deutschland nicht um Arbeit laufen, die gibt es, man muß um seine Anerkennung kämpfen; für mich als Türke ist es hier in Mitteleuropa schwer, und auch wenn es die Deutschen im Betrieb heute nicht mehr sagen, für die sind wir doch nur die Orientalen, die Deutschen wissen nicht, wie sie uns beleidigen, wenn sie sagen: Allah komm mal her! oder: Mustafa hau ab! oder: Kümmeltürke hol mal Bier! oder: Melonenfritze, dreh deine Augen nicht so nach unseren Mädchen, die wollen sowieso keinen Beschnittenen; sie sagen das wahrscheinlich gedankenlos, nicht bösartig; trotzdem tut es weh, in einem fremden Land bekommt man mit der Zeit eine dünne Haut.

Obwohl Osman Gürlük noch nicht weiß, ob er in die Türkei zurückkehren soll, machte er Pläne für eine Rückkehr. Fünf Jahre will er noch bleiben, dann hat er so viel Lira gespart, daß er sich in Sile ein Haus bauen und vielleicht, das ist sein Traum, sein großer Traum, eine Autowerkstatt einrichten kann. Seine Tochter wird dann acht Jahre alt sein, sie wird dann auch Deutsch sprechen und vielleicht mit deutschen Kindern im Türkengetto Räuber und Gendarm spielen. Gürlük weiß, wenn er in fünf Jahren in die Türkei zurückkehrt, wird sein Kind in ein fremdes Land kommen, es wird dieselben Schwierigkeiten haben, die es jetzt in Deutschland hat. Gürlük arbeitet hier, um sich in Anatolien vielleicht später eine Existenz aufzubauen. Das aber ist nach wie vor schwer.

Ich will nicht klagen, ich bin nur immer wieder darüber erstaunt, daß dreitausend Kilometer mehr sind als nur dreitausend Kilometer; wahrscheinlich ist es leichter, den Ozean zu durchschwimmen, als deutschen Arbeitern klar zu machen, daß wir Türken nichts anders wollen als sie auch, nämlich arbeiten, um anständig leben zu können; wir sind geduldet, und das auch nur, so lange wir gebraucht werden; das müssen meine Landsleute begreifen lernen.

Jetzt kommen viele Touristen, auch Deutsche, in mein Land.
Sie suchen die Sonne, das klare Wasser, das es bei uns immer
noch gibt, auch die Ruhe, und viele besuchen natürlich die
klassischen Stätten, von den Meteora-Klöstern bis Olympia.
Die Armut in meiner Heimat aber sehen sie nicht, sie fahren
an ihr vorbei, und es gibt sogar einige, die finden unsere
Armut interessant; warum nicht; wer das ganze Jahr über
Butter auf seinem Brot hat, für den ist trockenes Brot ein
ungeheures Ferienerlebnis, von dem man noch nach Jahren
spricht; in Griechenland gibt es nicht viele, die das haben,
was man in Deutschland Wohlstand nennt, bei uns gibt es
ganz Arme und ganz Reiche, dann gibt es einige, die
verdienen an den Touristen und auch an uns Griechen, wie
überall auf der Welt, dagegen ist wohl nichts zu sagen; die
Touristen stellen die Ansprüche, wir machen die Drecksarbeit; wer keine Drecksarbeit machen will, der fliegt raus,
kann sehen, wo er bleibt; viele Ausländer täuschen sich über
unsere Armut, weil wir Griechen immer gut gekleidet
gehen, bei unseren Temperaturen im Sommer genügen eine
saubere Hose und ein modisches Hemd, mehr braucht man
das ganze Jahr über nicht; aber Kleidung täuscht, ist wie
Kulissen; da sagen die Touristen, seht mal, wie gut die ange-
zogen sind, denen kann es doch gar nicht schlecht gehen,
warum die dann noch nach Deutschland wollen zum Arbeiten, die haben doch alles was sie brauchen; man sieht eben
immer nur das, was man sehen will; das Übel ist, daß jeder
Grieche sein eigener Hotelier sein will, und wenn er nur eine
Coca-Cola-Bude hat mit zehn Plastikstühlen im Freien und
ein Dach darüber aus Mais- oder Zuckerrohrblättern, weil
er kein Geld hat für ein festes Dach, aber irgendwann, meint
er, wird das Geld schon da sein für ein festes Dach — irgendwann einmal; der Traum vom Reichtum ist bei uns nicht nur

ein Traum, er ist eine Weltanschauung; wir verfluchen die Sonne und wissen doch, daß sie zu unserem Traum gehört, zu unserem Fortschritt: die Sonne schafft uns den Kontakt zur Welt, denn ohne Sonne würde kaum ein Fremder in unser Land kommen, die Sonne ist unser Kapital, sie schafft für viele einen Verdienst, und Arbeiter in Deutschland, das ist ein Traum, Hotelboy werden, das ist ein Traum, Kellner in einem großen Touristenhotel werden an der Küste oder auf den Inseln, das ist ein Traum, Hotelmanager werden, das ist ein Traum – aber selber eines Tages ein Hotel haben oder eine Coca-Cola-Bude mit frischen Fischen aus dem Meer, das ist eine Ideologie. Jeder Grieche sein eigener Hotelier und gleichzeitig auch sein eigener Gast; wir hatten immer viel Zeit zum Träumen; aber viele sind aufgewacht, sie warten nicht mehr, bis man ihnen was gibt, sie suchen sich selbst etwas; ich habe Deutschland gesucht, ich habe Arbeit bekommen und ich verdiene.

Christos Panoussopolus ist 35 Jahre alt, geboren und aufgewachsen in einem Dorf bei Lamia, einer mittleren Stadt am Fuße der Thermopylen. An der Straße nach Athen, etwas außerhalb von Lamia, steht das neue Denkmal des Leonidas. Die Ebene ist fruchtbar, das südliche Pindosgebirge imponierend. Lamia ist eine saubere Stadt, abgesehen vom Staub, der überall herumwirbelt wie in allen griechischen Dörfern und Städten, Lamia hat saubere und erstaunlich viele neue Häuser. Die Dörfer im Tal und an den Berghängen schlafen unter der Sonne, das Meer ist nicht weit. 1964 kam Christos in die Bundesrepublik, nach vier Jahren Arbeit in Deutschland und ein Jahr nach dem Obristenputsch ist er zum ersten Male wieder in seine Heimat gefahren, er wollte sich dort erst wieder sehen lassen, wenn er mit dem eigenen Auto fahren und seinen Leuten ein Sparbuch mit einer ansehnlichen Summe vorzeigen konnte. Im April 1964 hatte er sich in Lamia bei der Arbeitsvermittlung nach Deutschland beworben, er wurde untersucht, überprüft, dann stand seiner Ausreise nichts mehr im Wege, zumal er eine feste Arbeitsstelle in der Bundesrepublik nachweisen konnte. Von der Bewerbung bis zur Ausreise hat es nur zwei Monate gedauert.

Kriege und Verräter kommen mit einer Gleichmäßigkeit, die einen gleichmütig werden lassen, und was andere bei uns Griechen für Stolz halten, das ist doch nur das Wissen um eigene Minderwertigkeit; Geschichte haben in den letzten tausend Jahren in Griechenland nicht die Griechen gemacht, sondern andere, die unser Land besetzt und ausgebeutet haben, die Römer, die Venezianer, die Türken – vor allem die Türken, und was andere an uns mit charmant bezeichnen, besonders die deutschen Frauen sagen das von uns Griechen, ist nichts weiter als Unsicherheit; am wohlsten fühlen sich meine Landsleute in der Herde, da ist man sicher; jetzt bin ich zehn Jahre in Deutschland; ich mag die Deutschen, die haben alles, was wir Griechen nicht haben: Sauberkeit, Disziplin, Pünktlichkeit und Verantwortung. Bei uns hat jeder über jeden etwas zu sagen, aber wenn es darauf ankommt, übernimmt keiner die Verantwortung, und ein gegebenes Wort zählt auch nicht viel bei uns, man muß alles schriftlich machen, und auch das Geschriebene ist noch keine Sicherheit; der Deutsche steht einfach zu seinem Wort; ich mag die Deutschen, sie sind fleißig und haben Sinn für Ordnung, sie drücken sich nicht vor der Arbeit; ich weiß nicht, wie ich über die Deutschen einmal urteilen werde, wenn ich wieder für immer in Griechenland bin, aber vielleicht kehre ich überhaupt nicht mehr nach Griechenland zurück; ich habe mir schon einmal überlegt, ob ich nicht die deutsche Staatsbürgerschaft beantragen sollte, ich spreche jetzt so gut Deutsch wie Griechisch, vielleicht kann ich mich sogar im Deutschen noch besser ausdrücken als in meiner Muttersprache; ich hasse die Sonne in Griechenland, aber ohne sie kann man in Griechenland nicht leben, sie ist mörderisch, hier in Deutschland ist die Sonne wie ein süßer Nachtisch nach dem Essen; Deutschland ist kalt, auch wenn die Sonne scheint, aber es ist leichter, sich an die Kälte zu gewöhnen, wie es auch leichter ist, sich an den Wohlstand als an die Armut zu gewöhnen.

Christos arbeitete in der Nähe von Lamia, auch in der weiteren Umgebung, in der Landwirtschaft, bevor er fünfundzwanzigjährig nach Deutschland kam. Tabak, Baumwolle, Mais, Tomaten, Melonen, er verdiente in der Saison – im Winter war er meist arbeitslos – zweitausend Drachmen im Monat, das sind nach dem heutigen Wechselkurs etwas mehr als hundertfünfzig Mark, für zehn bis vierzehn Stunden Arbeit täglich, im Sommer nahm der Tag, im Winter nahm das Warten auf den Frühling kein Ende. Ab und zu hatte er im Winter Glück und erhielt kleine Gelegenheitsarbeiten, für einen Tag, für drei Tage, er half bei einem Fuhrunternehmer, er arbeitete für eine Woche beim Straßenbau, er war Aushilfe in einem Hotel in Lamia, in der Küche, beim Bedienen, zur Müllentfernung; nie wurde ein Lohn ausgemacht, er mußte zufrieden sein mit dem, was man ihm nach der Arbeit gab, er hatte dankbar zu sein für einen Tag Arbeit. Aber auch in Hotels gibt es im Winter nicht viel zu tun, ein paar Reparaturen, falls Geld vorhanden ist, meist aber fehlt es, deshalb verdienen Aushilfskräfte nicht viel mehr als ihr Essen. Was gibt es im Winter schon zu tun an einer 4000 Kilometer langen Küste, die nur im Sommer für wenige Monate von Touristen belebt wird. Christos mußte dankbar sein für jeden Tag Arbeit, für dreißig bis fünfzig Drachmen am Tag und für ein paar Oliven und Salat und, wenn es hochkam, eine Flasche Bier.

Mein Onkel hat mich nach Deutschland geholt, ich wollte anfangs gar nicht, ich hatte Angst vor einer Veränderung, vor der anderen Sprache, dem anderen Land, meine Frau, wir waren damals noch nicht verheiratet, bekam richtige Weinkrämpfe, wenn ich ihr vorschlug, daß wir doch wohl am besten von Griechenland weggehen, und es gefiel mir auch in der Landwirtschaft ganz gut, ich kannte nichts anderes, heute weiß ich, was das für eine verfluchte Schinderei war praktisch für ein Butterbrot, für ein Hemd und eine

Hose im Jahr; mein Onkel ist jetzt fünfundfünfzig Jahre alt, er sitzt mit anderen Männern aus Lamia manchmal schon vormittags in der Taverna und sieht den anderen Leuten nach, am liebesten jungen Mädchen; mein Onkel kann sich das leisten, im Gegensatz zu anderen, denen die Armut durch die Backen bläst, er war zehn Jahre in Deutschland und hat gespart, so viel, daß er bis an sein Lebensende davon leben kann, nicht in Saus und Braus, aber doch anständig und ohne Not, man kann in Griechenland mit wenig auskommen, wenn man keine deutschen Ansprüche stellt, in der Taverna braucht man ja nicht viel, da kann man den ganzen Tag sitzen und einen türkischen Kaffee trinken und ein Glas Wasser; mein Onkel war nie verheiratet, ungewöhnlich für einen Griechen; mein Onkel ist aber auch ungewöhnlich; 1943 kam er als junger Mann zu den Partisanen, er kämpfte in den Bergen gegen die Italiener und später gegen die Deutschen, dann waren die Deutschen weg und der Krieg war aus, aber da begann der Bürgerkrieg und mein Onkel kämpfte von fünfundvierzig bis neunundvierzig auf der Seite der Kommunisten, und weil er auf der Seite der Kommunisten war, hat er später im gelobten Königreich keinen Orden bekommen, keine Arbeit, im Gegenteil, sie sperrten ihn erst mal in ein Gefängnis, er wurde täglich mißhandelt, einen Klumpfuß hat er seitdem, sie haben ihn getreten und geschlagen und in der Mittagssonne ohne Hut draußen an einen Pfahl gebunden und haben einen Meter vor ihm einen Eimer Wasser hingestellt, und wenn er vor Durst bald krepiert ist, haben sie das Wasser vor seinen Augen in den Sand geschüttet; und weil er bei den Kommunisten war und im Gefängnis, bekam er später auch keine Rente, und weil er einen Klumpfuß hatte, bekam er auch keine feste Arbeit, nur Gelegenheitsarbeiten, und die auch nur aus Mitleid, und dann ging er plötzlich zu denen, gegen die er bald drei Jahre lang gekämpft hatte und die er haßte wie die Pest: zu den Deutschen; bei ihnen bekam er Arbeit, trotz seines Klumpfußes; mein Onkel kann sich gut beherrschen, er ließ sich nie etwas anmerken, daß sein linkes Bein einige Male gebrochen war und daß er am linken Fuß keine Zehen mehr hatte, die hatten sie ihm so nach und nach im Gefängnis abgetreten; mein Onkel hat aber trotzdem noch Glück gehabt; er war wohl einer der ersten Griechen, die nach Deutschland gekommen sind, damals war das noch leichter als heute, unser Staat war froh, einige los zu werden, besonders die, die vielleicht Unruhe hätten stiften können; jetzt haßt er die Deutschen nicht mehr, er sagt, überall gibt es solche und solche, er sagt auch, in Deutschland wurde ich immer gerecht behandelt und da hat sich auch zum ersten Mal ein Arzt gründlich um seinen verkrüppelten Fuß bemüht, er bekam Spezialeinlagen für seinen linken Schuh; durch meinen Onkel habe ich in Deutschland einen guten Anfang gehabt; als ich in Hagen ankam, da ging mein Onkel mit mir bei allen seinen Freunden und Bekannten vorbei und auch beim Chef in der Fabrik und hat gesagt: das ist mein Neffe Christos Panoussopoulos, er ist ein guter Junge und ein guter Arbeiter, er ist kein Kommunist und er wird bald gut Deutsch sprechen, er lernt schnell und er ist für jede Arbeit tauglich; und in der Zeit, wo er mich rumgereicht hat und allen vorgestellt, hat er sich gleichzeitig von seinen Freunden und Bekannten verabschiedet; Wochen später ist er für immer nach Griechenland zurückgekehrt; zehn Jahre war er in Deutschland gewesen, ich bin jetzt ebenso lange hier und habe mir längst nicht so viel erspart wie mein Onkel, er hatte aber auch nur für sich zu sorgen, hatte keine Familie, ich habe Familie; das ist mein Onkel, ich mußte von ihm erzählen, weil er es war, der mich nach Deutschland gebracht hat und mir die Angst vor der Fremde genommen hat; heute sitzt er in Lamia schon vormittags in der Taverna und erzählt jeden Tag Geschichten aus Deutschland; er wird wohl bis an sein Lebensende erzählen können.

Ich habe diesen Onkel – Panteli heißt er – in Lamia besucht, er bewohnt zwei Zimmer in einem Neubau etwas außerhalb der Stadt, im Garten hinter dem Haus fließt ein kleiner Bach, der Bach gibt Kühlung, das Wasser ist klar, am Ast eines Zitronenbaumes hängt ein Zinkbecher, das Wasser schmeckt gut, das Wasser bleibt kühl, auch in der mörderischen Mittagshitze. Sein Garten ist ein Paradies: Zitronen, Aprikosen, süße Birnen, persischer Flieder und Blumen und Blumen – und Schatten. Am Abend besteht die einzige Pflege des Gartens darin, gut zu gießen, über Blühen, Wachsen, Reifen braucht man sich keine Gedanken mehr zu machen. Ich wollte in einem Hotel wohnen, aber da wurde er böse und sprach zunächst kein Wort mehr mit mir, ich mußte mich bei ihm einmieten, umsonst natürlich. Wir tranken zehn Tage lang Wein, Domestica. Er erzählt zehn Tage lang aus seinem Leben, vielleicht eine Mischung aus Dichtung und Wahrheit. Panteli hat eine Haut wie Leder, die Farbe seines Gesichtes ist kupfern. Nach ein paar Sätzen sagte er immer: So war das. Oder: So ist das. Oder: So wird das sein. Sein Neffe Christos hatte in der Bundesrepublik einen guten Start, er mußte sich nicht erst zurecht finden, er kam gleich zu Freunden und wurde in der Abteilung des Betriebes eingestellt, in der sein Onkel zehn Jahre gearbeitet hatte, Packerei und Versand in einer Maschinenfabrik in Hagen in Westfalen. Sein Onkel war zuletzt Aufsicht und Endprüfer. Christos wurde angelernt, seine griechischen Kollegen haben ihm dabei geholfen, am Anfang natürlich als Dolmetscher. Zweimal in der Woche ging Christos in die Volkshochschule, wo er einen Kursus belegte, Deutsch für Ausländer. Das Geld dafür bezahlte der Arbeitgeber. Er brauchte im ersten Jahr nur auf Morgenschicht zu gehen, damit er abends keine Unterrichtsstunden versäumte.

Volkshochschule ist eine gute Einrichtung für uns Ausländer, aber die Firma zahlt die Kurse ja nicht aus reiner Menschenliebe, sie hat doch das größte Interesse, wenn wir so schnell wie möglich Deutsch lernen, daß wir uns nicht, was ja immer wieder vorkommt, rausreden können, daß wir das und das nicht verstehen, wenn man uns eine unangenehme Arbeit zuteilt; ich habe dann später, als ich halbwegs gut Deutsch sprach, noch zwei Kurse belegt, Rechnen und Schreibmaschine, ich meine, kaufmännisches Rechnen, wer weiß, vielleicht kann ich das in Griechenland einmal brauchen, oder vielleicht auch schon hier, man kann nie wissen, was habe ich denn in Griechenland schon gelernt in sechs Klassen Volksschule, an eine höhere Schule zu gehen, der Gedanke kommt überhaupt nicht, was soll man auf einer höheren Schule, wenn die Ernte wartet, wer arbeiten muß für Essen und Trinken, der kann nicht lernen, das ist nun mal eine Wahrheit; was ich auf einer deutschen Schreibmaschine gelernt habe, damit muß ich doch auch auf einer griechischen etwas anfangen können, denke ich mir; es kann nie schaden, wenn man mehr weiß und kann, als man momentan anwenden kann.

Seit vier Jahren ist Christos in der Hagener Maschinenfabrik Cheffahrer. Er fährt einen Mercedes 450 SEL. Das war nicht so leicht, wie es sich sagt. Anfangs hatte es Ärger unter der Belegschaft gegeben, weil ausgerechnet ein Grieche diesen begehrten Job erhielt, auf den so viele Deutsche spekuliert hatten, als der alte Cheffahrer in Pension ging. Und es gab auch Ärger unter den Griechen. An manchen Tagen hat Christos viel zu fahren, an manchen Tagen überhaupt nicht; dann wartet er den Wagen, pflegt und putzt ihn, kleinere Reparaturen führt er selbst aus in der betriebseigenen Werkstatt. Manchmal fährt er auch die Frau des Chefs zum Einkaufen, manchmal bringt er ihre Kinder zur Schule oder holt sie ab. Wenn sie neue Kleider kaufen will, fährt er die Frau seines Chefs, obwohl sie selbst einen Wagen hat, nach Düsseldorf. Und wenn er überhaupt nichts mehr zu tun hat und im Wagen kein Staubkorn mehr findet, dann schlendert er durch den Betrieb und spricht mit seinen Landsleuten. Hundertfünfzig Griechen sind in der Firma beschäftigt. Wegen jeder Kleinigkeit wird er von ihnen angegangen. Was eigentlich dem Betriebsrat vorgetragen werden müßte, das sagen sie Christos, weil sie glauben, daß er Einfluß auf den Chef habe. Er fährt ihn ja, er ist mit ihm stundenlang allein und hat, wie kein anderer, unmittelbaren Kontakt mit ihm. Sie selber sehen ihren Chef im Monat vielleicht einmal, wenn er durch den Betrieb geht, dann aber ist er unnahbar. Christos' Landsleute sind der Meinung, es sei nur vom Chef abhängig, ob sie eine gute oder eine schlechte Arbeit haben, eine gute oder schlechte Wohnung, eine billige oder eine teure, ob sie morgens oder nachmittags arbeiten müssen, sie bedrängen Christos, daß er für sie beim Chef vorstellig wird. Weil er das weder kann noch will, hat er mit seinen eigenen Landsleuten Schwierigkeiten, es kommt auch zu Streit, weil sie ihm nicht glauben, wenn er sagt, daß er nur seinen Chef fährt und sonst nichts mit ihm zu tun hat. Sie werfen ihm vor, daß er vergessen habe, woher er gekommen sei, sie unterstellen ihm, daß er ganz ins deutsche Lager überge-wechselt ist und seine Landsleute verraten habe. Früher bra-chen manche Griechen ihre Unterhaltung im Betrieb ab, wenn Christos aus lauter Langeweile, oder weil er auf den Chef warten mußte, durch die Fabrikhallen streifte: sie glaubten, der Chef habe ihn als Spitzel eingesetzt.

In Deutschland geht alles korrekt zu, die Gewerkschaften klopfen den Bossen auf die Finger. Das ist gut so. Hier gilt der Arbeiter auch etwas. Wenn man bei uns Arbeit sucht, und jetzt gibt es auch in Griechenland mehr Arbeitsplätze als früher, dann muß man unterschreiben, daß man mit hundert Drachmen am Tag zufrieden ist, und dann bekommt man doch nur fünfzig, und beschwert man sich, dann heißt es gleich, man sei Kommunist. Und wer sich einmal beschwert hat, so etwas spricht sich schnell rum in den einschlägigen Kreisen, der bekommt schließlich über-haupt keine Arbeit mehr, ich meine, keine geregelte oder feste Arbeit, und es wird dann auch fast unmöglich, eine Arbeit in Deutschland zu finden. Man wird zwar bei der Arbeitsvermittlung auf die Warteliste gesetzt, aber da kann man warten, bis man grau ist. Das ist dann die Rache, weil man nicht gehorsam war. So unter der Hand bekommt man schon Arbeit, mal hier, mal da, aber da gibt es überhaupt keine Rechte mehr, man muß das tun, was einem zugewiesen wird oder erhält einen Tritt in den Hintern, schließlich ist man ja Freiwild geworden. Am schwersten haben es die, die nach Griechenland zurückgekehrt sind und die vielen Jahre in Deutschland gewesen sind, gute Arbeit hatten und gut verdient haben, die kennen etwas anderes, Arbeitsrecht, Arbeitsschutz, geregelte Arbeitszeit, Beschwerderecht, Gewerkschaften und den Schutz durch die Gewerkschaften und schließlich sogar noch das Arbeitsgericht – das alles gibt es in Griechenland nicht, da kommen dann eben die Konflikte. Ich kenne einige, die haben versucht, mit deutscher Arbeitsmoral und nach deutschen Arbeitsgesetzen zu leben und zu arbeiten, sie wollten in ihrer Heimat wieder Fuß fassen, aber sie sind gescheitert, nach Deutschland wieder zurückzukehren ist schwer und manchmal unmöglich, der alte Arbeitsplatz ist besetzt oder man erhält keine Ausreise mehr, weil jetzt im Land auch Arbeitskräfte benötigt werden; vor allem die, die hier in Deutschland unliebsam aufgefallen sind, die mal Krach mit der Botschaft hatten, wer in Deutschland nicht regimefromm war, auch das spricht sich rum, der hat es in Griechenland am schwersten, unsere Botschaft ist zwar in Bonn, aber sie hat ihre Augen und Ohren überall, sie schickt ihre Horcher aus, die kommen dann, sind freundlich und hilfsbereit, aber wenn man nicht so will, wie sie wollen, dann kommt die Drohung: ab nach Griechenland oder Paßentzug, was dasselbe ist; jeder weiß, was das bedeutet; unsere Kinder sind doch nicht dumm, irgendwann einmal begreifen sie auch die Kluft zwischen dem, was ihnen ihre griechischen Lehrer sagen müssen, und dem, was sie hier in der Bundesrepublik erleben, ich meine die Freiheit, wenn wir Ausländer hier auch benachteiligt sind, so ist doch unsere Freiheit hier in Deutschland nicht vergleichbar mit dem, was uns in Griechenland erwartet, die griechischen Arbeiter sind für den griechischen Unternehmer der letzte Dreck.

Wer als Tourist nach Griechenland reist und nur die klassischen Stätten besucht oder den ganzen Urlaub in einem Hotel am Meer wohnt, kann den Eindruck gewinnen, er befinde sich in keinem armen Land, noch dazu, wenn er keinen Kontakt zur Bevölkerung aufnimmt: solide Hotels, saubere Häuser, freundliche Menschen. Aber Griechenland ist in Wirklichkeit arm, 250 Familien beherrschen das Land. Und der Grieche ist ein Künstler im Verbergen seiner Armut. Die Gastarbeiter tragen zusätzlich Konflikte in das Land: Ihr westlicher Konsumanspruch stößt mit levanthinischer Lebensart zusammen. Nicht mehr ganz Griechen, aber auch keine Deutschen, kehren sie nach Griechenland zurück. Griechische Politiker leiden unter einem Alptraum: Was wäre, wenn eines Tages alle 275 000 Gastarbeiter über Nacht nach Griechenland zurückkehrten. Unvorstellbare Probleme würden auf das Land zukommen.

Politisch betätigte ich mich nicht; warum auch; politisch haben wir hier in Deutschland keine Rechte, genau so wenig wie in Griechenland; ich war mal auf einer SPD-Veranstaltung, da sprach der Brandt, das war zu den Wahlen 1972, drei Tage später sagte mir ein Landsmann im Betrieb ganz freundschaftlich, er umarmte mich sogar dabei, ich solle das lassen, und er fragte, wieder ganz freundschaftlich, ob ich mich hier zum politischen Untergrundkämpfer ausbilden lassen wollte, und er fügte hinzu, wieder ganz freundschaftlich, ich müßte doch von meinem Onkel etwas gelernt haben, ich könne doch nicht so dumm sein, alles ganz freundschaftlich, alles lächelnd; woher wußte er, daß ich auf der Veranstaltung gewesen war; natürlich, die Augen der Botschaft sind überall, auch bei Arbeitskollegen ist man nie sicher, man weiß nur nie, welcher Arbeitskollege das ist, das bringt untereinander Mißtrauen, deshalb ist es schwer, Freundschaften zu schließen, offen zu sagen, was man so denkt, und plötzlich hat man eine Akte irgendwo in Athen; vom gutwilligen Arbeiter in Deutschland ist man zum beschriebenen Blatt in Griechenland geworden; mein griechischer Arbeitskollege sagte auch, die Botschaft sehe das nicht gerne, immer freundlich natürlich, immer lächelnd, und wenn ich keinen Ärger wolle, solle ich das in Zukunft lassen, und meinem Chef sei das bestimmt auch nicht recht, falls ihm das zu Ohren kommen sollte, daß ich bei einer SPD-Veranstaltung gewesen war. Das war eine Drohung, auch wenn es freundschaftlich gesagt worden ist, die meisten Drohungen werden freundschaftlich gesagt; dabei war ich doch nur neugierig auf Willy, sonst nichts, das ist doch kein politisches Verbrechen, Brandt hat in Griechenland großes Ansehen, jeder redet mit großem Respekt von ihm; was mein Chef wählt, das weiß ich nicht, er hat mir mal gesagt, aber da war er ganz schön betrunken, ich habe ihn von Düsseldorf nach Hause gefahren, er wählt immer die Partei, die ihm am meisten Garantie bietet, daß er sein Unternehmen so führen kann, wie er es sich vorstellt, damit sein Unternehmen sicher ist und auch Gewinn abwirft; mir ist das im Grunde genommen egal, der Chef ist anständig zu mir, immer freundlich, auch wenn er angetrunken ist, das kommt oft vor, kein Wunder, wenn man so lange Besprechungen hat, da kann man nicht stundenlang trocken sitzen und reden und rechnen; in Deutschland darf ich nicht wählen, in Griechenland ist wählen verboten, warum dann also politisch werden; natürlich lese ich Zeitungen, griechische und deutsche, ich habe sogar eine deutsche Tageszeitung, die »Westfälische Rundschau« abonniert, die griechischen Zeitungen lese ich eigentlich nur, um zu sehen, wie sie lügen, was soll man sonst machen, bei diesen endlosen Wartereien im Auto auf den Chef. Ich lese auch Bücher, auch deutsche, ich weiß Bescheid, was in der Welt vorgeht, ich weiß immer mehr als meine Landsleute im Betrieb und auch mehr, als die deutschen Arbeitskollegen, weiß vor allem mehr, was in Griechenland vorgeht, aber was nützt das, ich kann es nicht anwenden, es ist wie bei einem Liebesroman, da habe ich auch keinen Einfluß, ob das Mädchen ein Kind bekommt oder nicht; so ist das; man müßte im eigenen

Land etwas tun, aber ich arbeite hier, in einem fremden Land, das mir gar nicht mehr so fremd ist, hier brauche ich nichts zu verändern, hier gibt es Leute, die dafür sorgen, daß etwas verändert wird; die Deutschen wissen schon, was sie wollen und was wichtig und was richtig ist; ich liebe die Deutschen nicht, aber es gibt eben solche und solche, wie mein Onkel gesagt hat; ich habe Respekt vor den Deutschen, was sie anpacken, das machen sie gründlich; sie geben mir Arbeit und Lohn, man soll die nicht schlecht machen, die einem zu essen geben; was mich in Deutschland besonders beeindruckt, ist, daß die Popen nicht viel zu sagen haben, bei uns in Griechenland sind das doch die eigentlichen Herren, keiner kann ohne sie regieren, und jeder Grieche weiß, daß jeder zweite Waldbrand im Sommer von den Popen gelegt worden ist, damit sie dann später das Land billig aufkaufen können, wenn alles verwüstet ist, jeder weiß das, keiner spricht darüber, als ob die Popen die eigentliche Geheimpolizei wären, so Angst haben die Leute vor denen.

Orania, Christos' Frau, 29 Jahre alt, etwas füllig, aber warmherzig, geht seit Jahren in Hagen als Putzfrau. Ein halbes Jahr, bevor Christos damals nach Deutschland fuhr, haben sie geheiratet. Sie wollte in Lamia bleiben, das hieß Sicherheit: ihre Eltern, ihre Verwandten, ihre Freunde. Orania putzt in einem Hagener Kaufhaus. Wenn ihr Mann mit dem Chef unterwegs und abends nicht zu Hause ist, gibt sie ihre beiden Mädchen, fünf und drei Jahre alt, zu einer befreundeten griechischen Familie in der Nachbarschaft. Zwei bis drei Stunden hat sie jeden Abend im Kaufhaus zu tun, von halb sieben an; wenn es länger dauert, was im Monat ein- bis zweimal vorkommt, dann schlafen die Mädchen auch bei der Familie; jeden Samstagnachmittag putzt Orania auch in einem Rechtsanwaltsbüro, ein bis zwei Stunden, zusammengerechnet kommt sie auf 22 Stunden in der Woche und erhält dafür hundertzwanzig Mark netto; haben ihre griechischen Freunde Besuch oder sind verreist, kann Orania nicht putzen gehen, wenn obendrein auch noch ihr Mann mit dem Chef auf Tour ist; die Kinder fordern ihr Recht. Manchmal ist sie am Samstag- oder Sonntagabend bei deutschen Familien Babysitter, und ist Christos auch da nicht zu Hause, kann sie ihre Kinder mitnehmen. Es sind Lehrerfamilien, sie erhält fünf Mark pro Stunde, und wenn ihre Kinder nicht dabei sind, auch ein Abendessen. Umgekehrt aber ist Orania noch nie gestattet worden, die Kinder der deutschen Familien in ihre Wohnung mitzunehmen. Wahrscheinlich denken die Deutschen immer noch, wir hätten Flöhe und Wanzen; aber warum soll man sich aufregen, meine Frau bringt zusätzlich Geld nach Hause, das wir brauchen können; es war anfangs für sie sehr schwer, sie ist fünf Jahre später nachgekommen nach Deutschland, sie konnte kein Wort deutsch, und Arbeit zu bekommen, war noch schwerer, sie mußte, wie die Deutschen sagen, erst einmal das Eis aufbrechen, da nützte auch nichts, daß ich schon lange hier war und gute Verbindungen hatte und genau wußte, wie hier alles läuft; Orania ist eine hübsche Frau, sauber und freundlich, zugegeben, etwas dick, aber das sind viele deutsche Frauen auch, wenn sie über dreißig sind, sie hat schöne lange schwarze Haare, meine Arbeitskollegen ziehen mich manchmal auf, Orania habe keine Brust, sondern eine deutsche Molkerei; sollen sie reden, zu dicken Frauen kann man immer Vertrauen haben; Orania hat Arbeit, das ist die Hauptsache, sie verdient immerhin so viel, daß wir von ihrem Geld die Miete bezahlen können und noch ein bißchen mehr, und den Kindern nebenher was kaufen können, das ist schon was, die meisten Frauen meiner Kollegen bemühen sich gar nicht um Arbeit, die sitzen zu Hause und legen ihre Brüste auf die Fensterbank und warten, daß der Mann nach Hause kommt und das Geld auf den Tisch blättert; Orania ist sparsam, sie braucht nicht jede Woche etwas Neues zum Anziehen, und auch das nicht, was andere einem einreden, daß man es haben müßte, um angenehm leben zu können; nach fünf Jahren Arbeit in Deutschland war ich zum zweiten Male zu Hause in Lamia, auf

Urlaub, da hat mein Onkel zu mir gesagt: Christos, nimm deine Frau mit, es ist nicht gut, wenn Mann und Frau dauernd getrennt sind, auch das Kind muß wissen, wohin es gehört; Orania kann zwar gut leben, von dem, was du ihr schickst, aber sie kann nicht ohne dich leben; manchmal höre ich sie nachts weinen; das hat er gesagt, und er hat auch gesagt, du kannst nicht jedes Jahr einmal nach Hause kommen und Orania ein Kind machen; da habe ich Orania einfach mitgenommen und den Säugling; zweieinhalbtausend Kilometer durch Jugoslawien, Österreich und halb Deutschland, es war heiß wie selten, unterwegs habe ich meinen Onkel verflucht, weil er mir die Frau und das Kind aufgeschwatzt hat, und ich habe mich selber verflucht, weil ich sie mir habe aufschwatzen lassen; immer hat der Säugling geschrien und meine Frau hat nur geweint, weil ich geflucht habe, die Hitze, all das Fremde und die Ungewißheit, was wird werden, das hat sie fertig gemacht, aber seit sie in Deutschland ist, hat Orania nicht mehr geweint, sie ist immer fröhlich, auch nicht, als sie anfangs viel hat einstecken müssen, auch von meinen griechischen Landsleuten mußte sie sich einiges sagen lassen, sie ist aber schneller in dieser fremden Umgebung fertig geworden und heimischer geworden als ich, obwohl doch mein Onkel für mich das Bett schon gemacht hatte, als ich hier ankam, Orania konnte kein Wort Deutsch, aber sie ist gleich am ersten Tag in die Läden gegangen und hat einfach auf die Waren gedeutet, die sie kaufen wollte, sie hat das von Touristen gesehen in unserem Land, die kein Griechisch sprechen, sie spricht auch heute noch nicht gut, sie traut sich nicht so recht, sie hat immer Angst, etwas falsch zu machen, aber sie redet nicht darüber; ich war ein Narr, ich hätte sie gleich mitnehmen sollen, Frauen darf man nicht allein lassen, dann kommen sie ins Grübeln, und Männer gehen ins Bordell, da werden sie alle Sorgen los.

Mit Frau und Kind lebte Christos zwei Jahre in einem dreißig Quadratmeter großen Zimmer in einem Altbau in der Hagener Innenstadt, das ganze Haus ausschließlich von Griechen bewohnt. Als den Panoussopoulos das Zimmer zu eng und das Haus zu laut wurde und Streitigkeiten nicht mehr zu vermeiden waren, vor allem aber, weil die Frau vor der Niederkunft des zweiten Kindes stand, ist Christos zu seinem Chef gegangen und bat ihn bei der Suche nach einer Wohnung um Hilfe. Er sagte ihm, er wolle eine Wohnung, wie sie die Deutschen haben. Aber auch ein Fabrikbesitzer kommt an seine Grenzen, wenn es darum geht, einen Griechen, noch dazu mit Frau und zwei Kindern, in einem ausschließlich deutschen Wohnviertel einzumieten. Entweder waren die Wohnungen zu groß und zu teuer, oder Christos wurde die Tür vor der Nase zugeschlagen, merkten die Vermieter, daß er Ausländer war. Nach Wochen endlich, dank der Fürsprache seines Chefs, fand er in einem Altbau etwas außerhalb von Hagen eine Wohnung, mit Toilette und einem später in die Wohnung eingebauten Badezimmer. Die beiden Mädchen haben nun ein eigenes Zimmer. Als Christos die Wohnung bezogen hatte, lauerten ihm Landsleute auf und schlugen ihn zusammen, da sie der Meinung waren, Christos habe die Wohnung nur deshalb bekommen, weil er für seinen Chef Spitzeldienste geleistet habe. Das war auch zu der Zeit, als einige Griechen im Betrieb aus unverständlichen Gründen entlassen wurden.

Ich habe meinem Chef damals von dem Vorfall nichts erzählt, ich meine, so wie es wirklich war, hätte ich von dem Vorfall erzählt, dann wären diese Kollegen, die ich erkannt hatte, auf der Stelle entlassen worden; grün und blau hatten sie mich geschlagen, aber ich habe meinem Chef am andern Tag gesagt, ich sei die Treppe hinuntergestürzt, weil ich betrunken gewesen wäre; fast hätte ich meinen Job verloren, der Chef wurde wütend, ich habe ihn noch nie so wütend gesehen, er tobte richtig, er sagte mir, wenn das noch einmal passierte, dann fliege ich, einen betrunkenen Fahrer könne er sich nicht leisten, was ich mir eigentlich denke, gesetzt den Fall, er müsse plötzlich weg und am Steuer sitzt ein

besoffener Grieche, was ich mir denke, und wie ich dazu
komme, ich hätte doch noch nie getrunken, so lange er mich
kenne; die, die mich zusammenschlugen, gehen mir seither
aus dem Weg, die schauen weg, wenn ich komme, wahrscheinlich haben sie eingesehen, daß sie unrecht hatten und
daß ich nicht der Spitzel bin, den sie suchen, vorausgesetzt,
es gibt wirklich einen im Betrieb; so ist das; natürlich habe
ich es leichter als die meisten meiner griechischen Kollegen
und oft auch leichter als mancher Deutsche, ich bin von
Anfang an in die Schuhe meines Onkels geschlüpft, für mich
war vom Anfang an das Bett gemacht, ich mußte mir nichts
suchen, nicht die Arbeit, nicht die Freunde, nicht die Bleibe,
ich mußte mich nicht rumschubsen lassen, ich hatte einen
Onkel, der kannte die Menschen, der kannte die Deutschen
und Deutschland sehr gut, er hat mich großgezogen, als ich
klein war, als er aus dem Gefängnis raus war; mein Vater ist
längst tot, mein Vater war während des Bürgerkrieges bei
den Königstreuen, meine Mutter ist gestorben, als ich vierzehn war, aus Kummer über den Tod meines Vaters, sie hat
immer erzählt, mein Onkel habe meinen Vater erschossen,
nur weil er auf der anderen Seite war, mein Onkel aber hat
gesagt, meine Mutter wäre froh gewesen, daß er nicht
wieder gekommen ist, sie wollte nämlich keine Kinder mehr
haben, meine Mutter wollte am liebsten nichts tun, sie
wollte, wie die Männer, nur in der Taverna sitzen und den
Männern nachsehen, wie die Männer den Mädchen nachsehen, meine Mutter war eine schöne Frau, jeder hat das
gesagt, sie hat immer zu mir gesagt, ich sei wie mein Onkel,
rot und dumm; meine Großmutter lebt noch im Haus
meines Onkels, in einem Zimmer im Parterre, sie ist jetzt
vierundachtzig Jahre alt, und solange ich denken kann, geht
sie krumm, das kommt von der Gicht, und mein Onkel sagt,
das alte Weib kann immer noch nicht begreifen, daß ihr
Platz auf dem Friedhof ist, man versteht sie auch nicht mehr,
wenn sie spricht, mein Onkel sagt, das sei verständlich, denn
sie spricht nicht griechisch, sie spricht teuflisch.

Fünf Jahre werde ich noch in Deutschland bleiben, wenn mich der Chef nicht früher wegschickt, aber das wird er nicht, auch wenn es mal Arbeitslose geben sollte, der Chef ist mit mir zufrieden, auch wenn er mal unzufrieden ist; trotzdem habe ich Sehnsucht nach Lamia, hier ist man kein Deutscher, bleibt immer ein Grieche, das ist ja nicht so schlimm, aber die Deutschen sagen es so, als wäre es schlimm, und wenn ich nach Lamia zurückkomme, dann werde ich auch kein Grieche mehr sein, jetzt schon sagen die Leute, wenn ich zu Hause auf Urlaub bin, der Deutsche ist wieder da, vielleicht merken die Leute, daß man sich anders verhält, daß man sich anders gibt, daß einen unberührt läßt, was sie für wichtig halten; ich fange an zu vergleichen, und der Vergleich fällt dann immer zu ungunsten meiner Landsleute aus; und schwer wird es für mich, ist mein Onkel einmal tot, er hat Ansehen bei den Leuten, er gilt, besonders in seiner Generation, immer noch als Partisan, das ist kein Schimpfwort, das ist ein Titel; ich bin zufrieden in Deutschland, ich bin immer zufrieden gewesen, wenn ich daran denke, schon als Siebenjähriger mußte ich auf den Feldern arbeiten, die Baumwollstauden waren größer als ich, manchmal wurde ich nicht in die Schule geschickt, weil auf den Feldern zwei Kinderhände immer noch nützlicher sind als gar keine Hände; Tabak, Weizen, Baumwolle, Tomaten, und als Lohn bekam ich Wasser und Brot und Bohnen und ein Viertel Melone, und immer die Sonne, immer der Hunger, immer die unbarmherzige Sonne, und im Winter die Stürme, so heftig, daß wir in den Betten froren, so leicht waren die Häuser gebaut damals; meine Arbeit hier besteht eigentlich nur aus Warten und Warten; ich fahre den Chef irgendwohin, er sagt, es dauert zwei Stunden, ich habe dann zwei Stunden frei; aber es dauert nicht zwei, sondern oft vier oder acht Stunden, dann sitze ich im Mercedes und warte, ich kann nicht weg, denn jeden Moment könnte der Chef kommen; ich lese Zeitungen und Bücher und höre Radio, im Mercedes ist eine Stereoanlage, ich kenne alle

Sender, ich kenne die Musik und erkenne längst die Ansager an ihren Stimmen, ich weiß, welche Stimme zu welchem Sender gehört, nun kenne ich bald alle Städte in Deutschland und die meisten Flughäfen, aber selbst geflogen bin ich noch nicht, und ich kenne viele Bahnhöfe, und auf Bahnhöfen trifft man immer Landsleute, die sagen zu mir, Christos, so wie du arbeitest, so möchten wir einmal Urlaub machen; Urlaub habe ich nur einmal im Jahr; meistens warte ich auf den Chef, eine Stunde, zehn Stunden, und wenn dann der Chef kommt, sehe ich von weitem schon, ob er gute oder schlechte Laune hat, gute Geschäfte gemacht hat oder nicht; hat er gute Geschäfte gemacht, dann sagt er: Christos, fahr wie der Teufel oder klapp die Propeller aus; wenn er schlechte Geschäfte gemacht hat, dann sagt er: Schalte das Radio aus, ich kann keine Musik vertragen; und manchmal fragt er mich bei der Fahrt: Christos, wenn du Chef wärst, was würdest du tun, wenn...; dann erzählt er mir Dinge, von denen ich nicht viel verstehe, und manchmal gebe ich auch Antwort, dann schweigt er, ich denke, er wird gleich über mich lachen, aber dann sagt er nach einer Weile: Christos, du bist gar nicht so dumm, ich werde mir das mal durch den Kopf gehen lassen, was du gesagt hast.

Die Deutschen verlangen von uns, daß wir dankbar sind;
dankbar für was? Daß wir unsere Arbeitskraft verkaufen
und daß es dadurch den Deutschen immer noch besser geht;
sie sagen es selten, aber sie erwarten es täglich.

Branco Petrovič kam 1967, fünfundzwanzig Jahre alt, aus
dem mazedonischen Teil Jugoslawiens in die Bundesrepublik. Seinen Militärdienst hatte er in Niš abgeleistet. Er kam
legal, durch die Arbeitsvermittlung in Skopje, nach München. Er arbeitete erst bei einer großen Baufirma, eineinhalb
schwere Jahre im Straßen- und Kanalisationsbau. Aber
Petrovič war kein Belegschaftsmitglied in der Münchner
Firma, er wurde von einem Kolonnenvermieter, »Seelenver-
käufer«, angeworben, der je nach Bedarf seine Arbeiter auf
Zeit an Firmen vermietet. Die Baufirma zahlt den Lohn an
den »Seelenvermieter«, der wiederum eine wesentlich nied-
rigere Summe an die Arbeiter auszahlt. Diese Art der
Vermittlung von Arbeitskräften unterscheidet sich nicht
vom Sklaven- oder Menschenhändlertum früherer Zeit.
Branco lernte auf dem Münchner Hauptbahnhof, wo er
jeden freien Tag verbrachte, nicht selten von morgens bis
abends herumstand, einen Landsmann kennen, der in Ingolstadt bei Audi beschäftigt war. Sein Landsmann setzte sich
für ihn ein, und so kam Petrovič nach Ingolstadt. Anfangs
wohnte er in der Ausländerunterkunft, seit eineinhalb Jahren lebt er mit einer deutschen Frau, deren Mann vor drei
Jahren gestorben war, »in wilder Ehe« zusammen, gegenüber den Nachbarn und den Behörden gilt Branco als
Untermieter. Irene, so heißt sie, arbeitet als erste Verkäuferin in einem Geschäft für Haushaltsartikel. Wenn Branco
Frühschicht hat, dann kocht er das Essen für den Abend,
denn Irene kommt erst gegen sieben Uhr nach Hause. Irene
sorgt für ihn, als wäre Branco ihr Mann, sie ist vier Jahre

älter als er, siebenunddreißig Jahre alt, und sie denken nicht ans Heiraten, sie sind übereingekommen, sich dann wieder zu trennen, wenn sie sich eines Tages nicht mehr verstehen sollten oder wenn Branco wieder nach Jugoslawien zurückkehren möchte oder aber, wenn er die Bundesrepublik verlassen müßte, weil er keine Arbeit mehr findet. Sie streiten sich nicht und Zärtlichkeiten sind selten. In dieser Zweckgemeinschaft verfügt jeder über sein eigenes Geld, aber jeder legt von seinem Verdienst einen Teil in eine gemeinsame Kasse, aus der die laufenden Kosten bestritten werden: Miete, Essen, Licht und was eben zur Führung eines Haushalts noch nötig ist. Für jede persönliche Anschaffung kommt jeder selbst auf. Das hat sich eingespielt, es gibt kaum Mißverständnisse. Jeder hat sein eigenes Sparbuch. Irene ist immer gut gekleidet, und sie achtet darauf, daß auch Branco Wert auf sein Äußeres legt, sie erzieht ihn sozusagen, damit er das »Bäuerliche«, wie sie es nennt, ablegt. Branco ist ein schwerfälliger Mann, er hat große Hände, eine Glatze, nur am Hinterkopf hat er noch Haare, die aber läßt er lang wachsen, er ist Mohammedaner. Wenn er spricht, dann faltet er seine Hände. Er spricht langsam, so, als müsse er jedes Wort erst auf seine Bedeutung hin prüfen. Er hat schöne Augen.

Fünfhundert Jahre sitzt meine Familie auf dem Hof. Unser Hof, das sind mehrere Hütten; Tito hat es vergessen; die Straßen in unserem Dorf sind Wege, die Wege stauben im Sommer, im Winter versinkt man bis zu den Knöcheln, und noch tiefer, im Schlamm; sieben Kinder sind wir, ich bin der Jüngste; vier Brüder, drei Schwestern; sie sind, außer mir, alle verheiratet und haben schon wieder Kinder; mein Vater hat jetzt sechzehn Enkelkinder und er fragt mich, wann ich ihm ein Enkelkind vorzeigen werde; der Hof hat fünfhundert Jahre lang die Familie ernährt, jetzt nicht mehr, obwohl weniger Kinder da sind als früher, meine Großeltern hatten sechzehn Kinder, und obwohl der Boden heute mehr hergibt als früher, durch bessere Düngung und bessere Bearbeitung, aber es reicht einfach nicht mehr für alle; meine zwei ältesten Brüder bewirtschaften jetzt den Hof gemeinsam; im Dorf haben sie eine Genossenschaft, das ist praktisch, das hat der Tito so eingeführt, das war gut so, und die Bauern haben sich spezialisiert; unser Hof hat immer, so lange ich denken kann, Mais angebaut, das blieb auch so unter Tito, andere bauen jetzt Weizen an, andere wieder Bohnen und Tomaten, auch Tabak, das verkaufen sie alles an die Genossenschaft, die Bauern brauchen sich keine Gedanken zu machen, daß sie auf ihrer Ernte sitzen bleiben; jeder Bauer im Dorf, auch meine Brüder, haben für sich zusätzlich noch ein Stück Land, auf dem können sie anbauen was sie wollen, das können sie in Skopje auf eigene Tasche verkaufen, aber Skopje ist weit, auch mit einem Motorrad mit Anhänger; ich habe das eines Tages einfach nicht mehr ausgehalten, irgendwann dreht man einmal durch, irgendwann wird einem alles zu eng, immer Knecht sein bei den eigenen Brüdern und anderswo ist ja nicht viel zu verdienen, wir sind nun mal das Armenhaus in Europa, dabei ist in den letzten Jahren viel gemacht worden, vor allem Wasserleitungen wurden gelegt und Bewässerungsanlagen für die Felder; dann habe ich mich einfach für eine Arbeit in Deutschland gemeldet; das war kein leichter Entschluß; alle waren dagegen, die Brüder, die Schwestern, der Vater, die Mutter; Mutter hat geweint, als ich gegangen bin, sie hat mich auch nicht begleitet bis zur Autobushaltestelle, so hat sie geweint; sie lieben die Deutschen nicht, aber sie bewundern die Deutschen, weil sie so tüchtig sind, und Großmutter erzählt manchmal, wie es unter den Türken war, die weiß das wieder von ihrer Großmutter, sie sagt nur: schlimm; die Soldaten kamen ins Dorf und haben ihnen die Ernte weggeholt, deshalb mußte das meiste ja auch immer in den Bergen versteckt werden, die Soldaten haben nicht gefragt, ob wir im Dorf was zu essen hatten, die haben auch nicht bezahlt, die haben nur geprügelt, wenn sich einer gewehrt hat; aber das ist lange her und Tito hat Ordnung geschaffen, man kann wieder ruhig schlafen im Dorf; nur die Straße ohne Asphalt gibt es noch, jedes Jahr sagt der Parteivorsitzende, im nächsten Jahr wird sie befestigt, aber das sagt er jetzt schon über zwanzig Jahre; wenn unsere Ziegenherden im Sommer über die Wege laufen, wenn es wochenlang nicht geregnet hat, dann glaubt man, ein Sandsturm kommt auf; Tito hat unser Dorf vergessen oder aber es erinnert ihn niemand mehr daran; die erste Zeit in Deutschland war für mich schrecklich, jeden Tag sagte ich mir, geh wieder nach Mazedonien zurück, ich fand einfach keinen Kontakt zu den Leuten hier, die waren so hochnäsig und abweisend, in der Baukolonne waren wir nur zwei Jugoslawen, der andere kam aus dem Norden, aus der Nähe von Maribor, der glaubte, es sei was Besseres als ich, weil ich, nach seiner Ansicht, aus einer Gegend komme, wo man die Nägel noch mit der Faust einschlägt; der hat nur das Nötigste mit mir gesprochen, weniger als die Deutschen; und nach Feierabend war er gleich verschwunden; ich sagte einmal, er solle mich mitnehmen, aber da her er geantwortet, ich sei wohl größenwahnsinnig, mit so einem wie mir könne er sich nicht sehen lassen in der Öffentlichkeit, ich solle mich anschauen, wie ich rumlaufe; ich muß wohl wirklich in den ersten Wochen nicht gut ausgesehen haben, aber ich hatte einfach kein Geld, mir einen Anzug zu kaufen; die deutschen Arbeitskollegen waren noch gemeiner zu mir, immer bekam ich die dreckigste Arbeit, und dann haben sie noch auf mich geschimpft, ich konnte kaum ein Wort Deutsch, aber man versteht trotzdem, wenn über einen geschimpft wird; wenn man die dreckigste Arbeit macht, dann erhält man auch den niedrigsten Lohn, das habe ich bald begriffen, und dann habe ich mir, so nach einem halben Jahr, vorgenommen, nur dann in mein Dorf zurückzukehren, wenn ich in Deutschland verhungern sollte, ich habe mir gesagt: jetzt erst recht; das schrecklichste war nicht die Arbeit, Arbeit war ich gewohnt von klein auf, es war das Alleinsein vor allem nach der Arbeit, unter Fremden, die einen nicht verstanden oder verstehen wollten; ich habe keine Sprachkurse belegt, es hat mich niemand auf diese Möglichkeit hingewiesen, und ich hatte auch keine Zeit, ich habe das einfach so gelernt, ich habe hundert Mal gefragt und zugehört, wie es ausgesprochen wird und was es bedeutet, bis ich begriffen habe, später erst habe ich gelernt, wie es geschrieben wird, vor allem durch die deutsche Frau, die hat sich mit mir viel Mühe gegeben, sie hat mit mir geredet und mich schreiben lassen wie ein Kind, das in die Schule kommt; unter uns Gastarbeitern ist es ja oft noch schlimmer als bei den Deutschen, einer gräbt dem anderen das Wasser ab, einer gönnt dem andern das Stück Brot nicht, jeder denkt schon, wenn er einen Landsmann hilft, dann kann er selber nicht mehr Generaldirektor werden; ich bin dann auch zur Gewerkschaft gegangen und habe mich aufklären lassen, was ich darf und was ich nicht darf, was ich für Rechte habe und was ich für Pflichten habe und ob es für mich auch ein Gesetz gibt; so eine Gewerkschaft ist schon was Gutes, da weiß man wenigstens, daß man nicht allein in der Welt ist, die helfen schon, wenn man ihnen ein gutes Wort gönnt und nicht gleich lospoltert, wie es viele meiner Landsleute machen, und wenn ich dann auf der Baustelle auch mal aufgemuckt habe, dann haben die Drohungen der Deutschen nicht mehr gewirkt bei mir, wenn sie immer gesagt haben: du kannst gehen, wenn dir die Arbeit nicht paßt, am Loibl-Paß stehen ein paar Tausend von deinen Landsleuten und warten nur, daß sie die Einreise nach Deutschland kriegen; nein, das hat dann bei mir nicht mehr gewirkt, ich habe geantwortet, ich habe einen Vertrag, und Vertrag ist Vertrag, und was die Deutschen schriftlich machen, das steht wie ein Fels, dafür sind sie bei uns bekannt, daß sie zuverlässig sind, daß sie ihr Wort halten, auch ohne schriftlichen Vertrag; das hat gewirkt, das haben die Deutschen nicht gern, wenn man ihnen vorwirft, daß sie wortbrüchig sind und daß man sich nicht auf sie verlassen kann, da haben sie ihren Stolz, da werden sie empfindlich, auch wenn meine Großmutter immer gesagt hat, die Deutschen sind im letzten Krieg schlimmer gewesen als die Türken, bloß sind sie nicht so lange geblieben wie die Türken, deswegen war der Schrekken nicht so groß; mein Vater war in deutscher Kriegsgefangenschaft, von 1941 bis 1942, und kaum war er entlassen, war er in den Bergen verschwunden, und wir Kinder, ich war ja noch ganz klein, waren mit der Mutter und der Großmutter allein; mein Vater war bei den Partisanen in den Bergen, er hat später vom Tito auch einen Orden bekommen, den trägt er immer am Sonntag am guten Anzug; manchmal, so hat die Großmutter erzählt, sind deutsche Soldaten ins Dorf gekommen und haben gefragt, wo Vater ist und haben gedroht, uns alle zu erschießen, wenn wir nicht sagen, wo er ist; aber meine Großmutter und meine Mutter wußten ja selber nicht, wo er sich rumtrieb ... nein, mein Vater ist nicht in der Partei, er ist kein Kommunist, er war einfach Partisan, er wollte nur nicht, daß nach den Türken die Deutschen unsere Herren werden, alle im Dorf sagten, Petrovič, du bist der richtige Mann, aber mein Vater wollte nicht Bürgermeister werden, und jetzt ist er alt geworden, er hat mir einmal gesagt, zwei Jahre in den Bergen auf der Flucht täglich und vierundzwanzig Stunden Angst am Tag, das ist zwanzig Jahre Arbeit hinter dem Pflug.

Ich habe Brancos Familie besucht. Als ich in das Dorf hineinfuhr, nebelte mich Staub ein, und als sich der Staub gelegt hatte und ich ausgestiegen war, umstanden mich eine Menge Leute. Mir ist bis heute unklar, woher sie so schnell kamen. Ich versuchte mich mit Gestik und Zeichensprache verständlich zu machen. Ich wurde zwei Tage lang bewirtet, als wäre ich Tito, der gekommen war, um sein Versprechen einzulösen, nämlich die Straße zu bauen. Unsere Unterhaltungen beschränkten sich nahezu darauf, daß die Leute mir immer wieder zu essen und zu trinken anboten. Am nächsten Tag saß ich auf dem Kotflügel eines Traktors und fuhr mit auf die Felder. In der Mittagszeit saßen wir unter einem

Baum und warteten, daß die Sonne sich nach Westen dreht, damit noch einige Stunden gearbeitet werden konnte. Die Luft flimmerte, es war stickig, besonders in den Maisfeldern, die Hitze konnte man greifen. Und immer wieder mußte ich zugreifen, mußte essen und trinken. Die Gesichter, alte wie junge, blieben ernst, lachten nur, wenn ich etwas Mißverständliches sagte und wenn sie mich zum Essen und Trinken aufforderten, ihr Wasser war gut. Stojan, Brancos Vater, ein schweigsamer und ernster Mann, eine Persönlichkeit, sprach einige Worte Deutsch, seine wenigen Sätze beschränkten sich auf Krieg, Waffen, auf Soldaten. Einmal nannte er den Namen Willy Brandt, er sagte es so, als spräche er von einem Heiligen. Danach war lange Stille. Ich fragte Stojan, wie er lebe, was er verdiene, wie er zurecht komme. Er antwortete: Es könnte besser sein, aber wir haben hier auf dem Land noch nie so gut gelebt, seit es Tito gibt. Mehr war aus Stojan nicht herauszuholen. Beim Abschied sagte er: Brandt und Tito, gut für kleine Leute. Die Jungen im Dorf hatten meinen Wagen gewaschen, sie bestaunten und bewunderten ihn. Ich hatte zwei Nächte in Stojan Petrovič's bestem Bett geschlafen, am Morgen flatterten Hühner in die Stube und weckten mich mit ihrem Gegacker. Zum Frühstück bekam ich Ziegenmilch und Weißbrot. Als ich abfuhr, hatten sich alle Leute des Dorfes versammelt, sie hätten längst auf den Feldern sein müssen. Jeder wollte mir für Branco etwas mitgeben, getrocknetes Fleisch und Brot, Schnaps und Wein, Paprika und Oliven. Stojan mußte ein Machtwort sprechen. Die Jungen liefen hinter und neben meinem Wagen her, der einen Schweif aus Staub hinterließ. In Skopje, auf der Nationalstraße, kam es mir vor, als sei alles nicht wahr gewesen.

Es sind gute Menschen in meinem Dorf, auch wenn sie manchmal böse sind, wären sie nicht gut, hätten sie nicht überlebt; sie sind tausend Jahre nur ausgebeutet worden und unterdrückt worden, immer waren sie von fremden Soldaten besetzt, da muß man untereinander gut sein, sonst gewinnen die Unterdrücker; und wer will das schon; mein Dorf hatte keinen Verräter, sie haben alle überlebt, weil sie auch die Berge gehabt haben, wo sie alles versteckten, was zum Überleben notwendig war: Weizen, Mais, Zucker, Eier, Milch, Vieh; jeder im Dorf kannte die Verstecke in den Bergen, jeder hätte sich totschlagen lassen von den fremden Soldaten, bevor er etwas verraten hätte, denn jeder wußte, daß dann das ganze Dorf verhungern muß; meine Großmutter hat immer gesagt, in schlechten Zeiten muß man in die Berge gehen, dorthin geht der Unterdrücker nicht, weil er nicht weiß, wo der nächste Stein ist, an dem er stolpern und sich den Hals brechen könnte; Großmutter erzählt viel, sie kann oft nicht mehr unterscheiden, was sie sich einbildet, was wirklich geschehen ist; wenn ich heute an mein Dorf denke, dann ist mir, als ob es das gar nicht gibt, so lange bin ich schon weg; was mich an mein Dorf bindet, noch bindet, das ist mein Vater, der ist ein großer Mann, der hätte es zu etwas bringen können, wenn er in die Partei eingetreten wäre, aber er hat es zu nichts gebracht, er konnte nicht lesen und schreiben, bei den Partisanen hat er nur gelernt, seinen Namen zu schreiben, mein Vater hat es nicht einmal zu einer staubfreien Straße gebracht, aber er glaubt fest daran, daß sie noch gebaut wird; mein Vater ist ein Bauer geblieben, als sie ihn nicht mehr brauchten in den Bergen mit seinem Gewehr, weil Friede war, da kam er nach Hause und hat wieder den Esel genommen und hat nach den Feldern gesehen, und er hat mit meiner Mutter geschimpft, weil zu viel Unkraut auf den Feldern war; er hat gesagt, mit der Zeit wird man bei den Partisanen böse, auf den Feldern bleibt man gut; die Partisanen, das war sein Erlebnis, aber als es vorbei war, kam er wieder in sein Dorf zurück, als wäre er nur für wenige Stunden auf dem Markt gewesen; später hat er zu seinem Esel auch ein Pferd bekommen, und dann noch einen Traktor für das ganze Dorf; das ist schon was, und als damals das große Erdbeben war und Skopje in ein paar Sekunden zusammenstürzte, da hat mein Vater tagelang geweint; mein Vater hat es zu nichts gebracht, er ist trotzdem ein großer Mann. ⌄

Branco bewohnt mit Irene eine Dreieinhalbzimmerwohnung mit Bad und Balkon etwas außerhalb von Ingolstadt, in einem Neubauviertel. Sie zahlen dafür 350 Mark Kaltmiete. Branco verdient im Monat 1000 Mark netto, Irene 850 Mark netto. Sie teilen sich die Miete, und jeder gibt monatlich 300 Mark in die Haushaltskasse. Branco ißt mittags bei Audi in der Werkskantine, er fährt einen gebrauchten Audi 80, der Wagen ist auf seinen Namen geschrieben, an Sonntagen, manchmal auch schon Samstagnachmittag, fahren sie nach München und bummeln durch die Stadt, sie fahren gelegentlich auch nach Nürnberg oder Würzburg und bis hinauf in die Fränkische Schweiz, sie gehen in Cafés, sitzen da herum und beobachten die Leute. Branco verabredet sich oft mit Landsleuten, Irene sitzt dann dabei und langweilt sich, weil sie kein Serbisch versteht, außer einigen Brocken, die er ihr beigebracht hat. Aber sie läßt Branco nicht gern allein weggehen, nicht weil sie eifersüchtig wäre, sondern weil sie befürchtet, daß er sich betrinken könnte, wie es schon einige Male immer dann vorgekommen war, wenn er mit Landsleuten zusammensaß. Wenn er zu viel getrunken hat, neigt er zu Streit und Gewalt, dann hat sie Angst vor ihm und übernachtet bei einer Freundin in der Stadt. Aber das war in der letzten Zeit nur selten vorgekommen. Früher war er sogar am nächsten Tag nicht zur Arbeit gegangen, hatte stundenlang herumgesessen und sich selbst bezichtigt. Er läßt sich von seinen Landsleuten verführen, um sich aus ihrer Gemeinschaft nicht ganz auszuschließen.

Ich kenne mich, aber was soll man machen, wenn man mit seinen Landsleuten zusammensitzt und Slibowitz trinken muß und deutsches Bier; trinkt man nicht, sagen sie gleich, die deutsche Frau hat mich verdorben, ich stehe unterm Pantoffel, und ich sei keiner mehr von ihnen, ich sei schon ein verdammter Deutscher geworden, dann ist der Moment gekommen, wo ich die Deutschen verteidigen muß, weil es einfach ungerecht ist, was sie über die Deutschen sagen, und dann gibt es wieder Streit, weil ich die Deutschen in Schutz nehme, die uns so oft miserabel behandeln und die doch an uns verdienen; immer gibt es deswegen Streit, deswegen habe ich auch mit meinem Vater einmal Streit gehabt, vor einigen Jahren, den einzigen Streit mit meinem Vater, er hatte nämlich gesagt: erst haben sie unser Land überfallen und jahrelang besetzt und gemordet, wie nicht einmal die Türken, sie haben das Land ausgesaugt und die Menschen gehetzt und jetzt müssen unsere Söhne bei denen arbeiten, wo ist da ein Unterschied, wo ist da eine Gerechtigkeit; und als ich mit meinem Vater aneinander geraten bin und mich über ihn aufgeregt habe, Irene ist damals zum erstenmal mit in meinem Dorf gewesen, und als ich ihm gesagt habe, mir ist es egal, wo ich arbeite, wenn Tito hier Fabriken baut, dann werde ich hier arbeiten, mir ist es egal, wo ich mein Geld verdiene, damit ich als Mensch leben kann und nicht als zweiter Traktor betrachtet werde, da hat er nur geant-wortet: auch du wirst das noch begreifen; er hat mich einfach stehen lassen und nie wieder von dieser Sache gesprochen; ich habe ihn damals nicht verstanden, ich ver-stehe ihn auch heute noch nicht, er hat ganz einfach um seine Augen eine Partisanenklappe, die verengt den Blick; so denke ich mir das; ich habe keinen Ehrgeiz, ich weiß, ich sollte ihn haben, das sagt Irene jeden Tag zu mir, daß ich vielleicht mal mehr werde im Betrieb als nur Hilfsarbeiter, Facharbeiter oder sogar Vorarbeiter, aber warum denn, was ich habe und was ich verdiene, das genügt mir, und dann, die besseren Arbeiten sind ja doch nur für die Deutschen reser-viert, da paßt wohl auch der Betriebsrat auf, damit sich kein Jugoslawe einnistet, die streiten das natürlich ab, die sagen, Arbeiter ist Arbeiter, ob Deutscher oder Jugoslawe, aber in Wirklichkeit ist es doch ganz anders, die geben das doch nie zu, aber man spürt es doch, man hat keine Beweise, aber es ist so; wahrscheinlich würden wir das nicht anders machen, wenn Deutsche in Skopje in einer Fabrik arbeiten müßten, aber das kann ich mir nicht vorstellen; und dann, hätte ich Ehrgeiz und hätte ich es zu etwas gebracht, hätte ich eine bessere Arbeit bekommen mit besserem Verdienst und wäre vielleicht Vorarbeiter geworden, dann kommt eine schlechte Zeit, die Leute fahren nicht mehr Auto, dann braucht man am allerwenigsten Jugoslawen, warum habe ich mich dann abgeschuftet; ist doch Blödsinn; weil wir die einzigen Arbeiter aus einem Ostblockstaat sind, werden wir Jugoslawen vielleicht noch früher abgeschoben als die Türken, dabei sind die Kerle doch stinkfaul, bevor sie einen Löffel aufheben, sagen die dreißig anderen, daß sie den Löffel aufheben sollen, solche sind das, ich kann nicht verstehen, daß die deutschen Behörden so viele Türken ins Land lassen, die haben doch heute schon regelrechte Kolonien in Deutschland, die Deutschen sollen mal ganz schön aufpassen, sonst haben sie in einigen Jahren in ihrem eigenen Land nichts mehr zu sagen, wo die sind, da sind sie, ich weiß das, wir hatten sie ein paar hundert Jahre als Besatzer, stinkfaul, dreckig, die sitzen den ganzen Tag in ihren Tavernen und warten darauf, daß die Frauen mit der Arbeit fertig werden, die sie eigentlich machen müßten, faules Pack; bestimmt wäre es für uns Gastarbeiter in Deutschland leichter, wenn es diese Türken nicht geben würde, die sind es doch, die uns alle bei den Deutschen in Verruf bringen.

Branco kommt mit den Deutschen besser zurecht als mit seinen eigenen Landsleuten. Er hat natürlich auch durch sein Zusammenleben mit einer deutschen Frau die Wertvorstellungen seines Gastlandes angenommen. Wenn, was früher öfter vorkam, Landsleute plötzlich spät abends in seiner Wohnung auftauchten, schon angetrunken, wieder zu trinken verlangten, weil sie weiterfeiern wollten und auch noch bei ihm zu übernachten versuchten, dann mußte er ihnen klarmachen, daß das nicht ging, weil seine Frau am nächsten Morgen ausgeschlafen zur Arbeit kommen mußte. Einmal bat er deutsche Nachbarn um Hilfe, um seine eigenen

Landsleute aus der Wohnung zu werfen, die Nachbarn wiederum verübeln es der Frau, weil sie einen Ausländer ins Haus gebracht hat; die bringen doch nur Scherereien, fürs Bett hätte sie auch einen Deutschen bekommen können. Dieser Hinauswurf kostete Branco schlaflose Nächte, seine Landsleute in der Fabrik arbeiteten plötzlich gegen ihn und machten ihm das Leben schwer, bei jeder Gelegenheit versuchten sie, Branco Knüppel in den Weg zu werfen. Branco traute sich in der Fabrik schließlich nicht einmal mehr allein auf die Toilette, und erst als er völlig verzweifelt war, vergaß er seine Rücksicht und beschwerte sich beim Meister und beim Betriebsrat. Von da an ließen ihn seine Landsleute in Ruhe. Einige wurden in andere Abteilungen versetzt und im Wiederholungsfall die Entlassung angedroht. Seitdem aber lebt Branco in ständiger Angst, daß man ihm auflauern und ihn zusammenschlagen könnte. Er geht nie allein nach Hause, er läßt sich mitnehmen, wenn er nicht in seinem eigenen Wagen zur Arbeit kommt. Wenn es bei ihm zu Hause klingelt, sieht er erst durch den Spion, und er lebt unter der Zwangsvorstellung, morgens wären an seinem Wagen alle vier Reifen zerstochen. Er wird diese Angst nicht los, obwohl die, über die er sich im Betrieb beschwert hat, längst schon wieder freundlich zu ihm sind. Er hat sich gegen seine Landleute entscheiden müssen, das vergessen sie ihm nicht, auch wenn sie jetzt wieder freundlich sind. Die anderen Jugoslawen sagen zu Branco: Der Türke. Nur, weil er einigermaßen gut Türkisch spricht und Mohammedaner ist.

Die Deutschen sind anders, ich weiß nicht wie, aber eben anders; es war vor einem Jahr, ich mußte für Irene die Bügelwäsche in die Heißmangel bringen, ich läute an der Tür, es dauert sehr lange, dann öffnet sich die Tür, die Frau von der Heißmangel kannte mich ja, wir geben seit Jahren dort unsere Wäsche ab, sie sieht mich, ich sage, ich bringe die Wäsche, sie sieht mich an, sie sagt, stellen sie den Korb nur ab, es wird diesmal ein paar Tage dauern, mein Mann ist vor einer halben Stunde gestorben; ich wollte etwas sagen, da nahm sie den Korb auf und schloß hinter sich die Haustüre; das ist es, was ich sagen wollte; in unserem Dorf wäre da tagelang ein Gejammer, da wäre Trauer, sogar die Arbeit auf den Feldern würde ruhen, man muß den Toten betrauern, dazu braucht man Zeit; das ist es was ich sagen wollte; wir fragen: fehlt dir was, kann ich dir helfen; der Deutsche sagt einfach: laß mich in Ruhe.

Trotzdem fasziniert Branco die deutsche Ordnung, die Fähigkeit, alles zu organisieren und vorauszuplanen, nichts dem Zufall zu überlassen. Obwohl aus unseren Schloten giftiges Gas steigt und die Fische in den Flüssen ersticken, spricht er nur von der deutschen Sauberkeit. Ein Teppichboden in der Wohnung ist ihm mehr wert als klares Wasser in einem Bach. In seiner Wohnung kann man vom Fußboden essen, so sauber ist alles, die Couchkissen sind in der Mitte geknickt, und wenn sich jemand auf die Couch setzen will, nimmt Irene die Kissen weg, als könnten sie Schaden nehmen. Sie sieht es nicht gern, wenn in ihrer Wohnung geraucht wird, demonstrativ schaut sie zu den weißen Stores vor den Fenstern. Branco muß auf dem Balkon rauchen. Kommt er von der Arbeit nach Hause, muß er seine Schuhe vor der Wohnungstüre ausziehen. Irene hat für ihn Juchtenparfüm gekauft, damit er nicht mehr nach Schweiß riecht. Branco würde sich gerne politisch betätigen, aber er darf nicht wählen; wäre er Deutscher, würde er Willy Brandt wählen, ihn bewundert er. Vor den letzten Bundestagswahlen hat er sogar ein Bild von Brandt im Wohnzimmer aufgehängt, aber Irene hat es wieder abgenommen, nicht weil sie gegen Brandt wäre, sie wählt selbst SPD, sondern weil sie den Standpunkt vertritt, daß man Rücksicht auf die Gefühle anderer zu nehmen hätte, die vielleicht zu Besuch kämen, und daß man seine Gesinnung nicht auch noch im Knopfloch tragen oder an die Wand hängen müßte. Von Helmut Schmidt sagt sie: Er wird die Armen ärmer, die Reichen aber reicher machen.

Brandt ist für mich wie Tito; vielleicht wäre Brandt ein guter Partisan geworden, wenn er die Gelegenheit dazu gehabt hätte, aber es muß ja nicht jeder Staatsmann Partisan gewesen sein, damit er was für die kleinen Leute tut; die Deutschen wissen ja gar nicht, was sie an dem Mann gehabt haben; die Deutschen meckern an allem herum, nichts paßt ihnen, Politiker werden hier schon für das Wetter verantwortlich gemacht, und bei uns gibt es da ein Sprichwort, das könnte man hier anwenden: tue dem nichts Gutes, sonst wird er dich beschimpfen; für mich sind die Deutschen die unzufriedensten Leute, die ich kenne, eben weil sie alles haben, wenn sie wirklich Not leiden müßten, dann wären sie viel zufriedener; Sattsein macht nicht träge, sagt meine Großmutter, Sattsein macht böse; ich möchte damit nicht gesagt haben, daß die Deutschen böse sind, aber sie machen sich das Leben unnötig schwer, weil ihnen nie etwas paßt, sie sind manchmal böse auf den Nachbarn, weil er etwas anderes hat oder vielleicht etwas besseres oder vielleicht nur mehr, ich erlebe es doch jeden Tag in der Fabrik; wer bei uns zu Hause trockenes Brot hatte, dem gab der andere ein Stück Melone ab, hier in der Fabrik heißt es, wenn einer keinen Schinken auf seinem Brot hat: na! Kannst dir wohl keinen Schinken mehr leisten, und der andere gibt zur Antwort: Doch, aber ich lebe jetzt gesund.

Branco ist ein begeisterter Anhänger von Bayern München, Beckenbauer kommt für ihn gleich nach Willy Brandt. Aber wenn eine jugoslawische Mannschaft gegen Bayern München spielt oder die Nationalmannschaft gegen Jugoslawien, dann ist Beckenbauer für ihn eine Null. Am nächsten Samstag aber ist er wieder sein Fußballgott. Ein Sieg der jugoslawischen Nationalmannschaft über die Bundesrepublik bei den Weltmeisterschaften hätte die jugoslawischen Gastarbeiter aufgewertet.

An manchen Tage, wenn ich allein in der Wohnung bin oder auf dem Balkon sitze, dann mache ich mir Gedanken, wie es weitergehen soll, wie es weitergehen wird, dann kommt wieder eine lange Zeit, da interessiert mich die Zukunft überhaupt nicht, ich sage mir dann, es ist bis jetzt gut gegangen, es wird auch weiterhin gut gehen; nur als vor einem halben Jahr mein Bruder geschrieben hat, der drittälteste, der nicht auf dem Hof meiner Brüder arbeitet, daß er jetzt auch nach Deutschland kommen will, da bin ich erschrocken, ich habe meinem Bruder geschrieben, er soll in Jugoslawien bleiben, man kann ja nie wissen, vielleicht geht es ihm eines Tages besser als mir; ich wollte meinen Bruder auch nicht in Ingolstadt haben, das gibt nur Ärger, und schafft Konflikte, der sitzt dann womöglich dauernd in unserer Wohnung herum und ich kriege Ärger mit der Frau, die Frau hat auch gesagt, das geht nicht gut, wenn er kommt, Verwandtschaft soll immer weit weg bleiben, dann kommt man am besten mit ihr aus; da hat sie schon recht, aber der Brief an meinen Bruder ist mir doch sehr schwer geworden, und dann, das mit der Verwandtschaft, das kann man in Deutschland leicht sagen, weil die Verwandtschaft hier ja nicht hilft, die sind sich doch immer im Wege, aber wir in unserem Dorf, wir wissen ein Lied zu singen, wir könnten ohne Verwandtschaft nicht auskommen, da kann nicht jeder leben, wie er es gerne haben möchte, da muß alles gemeinsam gemacht werden; die Verwandtschaft bei uns ist Sicherheit, hier in Deutschland ist die Verwandtschaft weiter nichts als lästig, der Deutsche hat mit sich immer am meisten zu tun, deshalb hat er auch keine Zeit für andere, bei uns muß zusammengehalten werden, wenn was werden soll, auf dem Feld oder wenn einer baut oder wenn einer krank ist oder wenn einer verreisen muß; nur die Straße, die haben sie nicht zustande gebracht und dabei müssen sie die Ernte auf der Straße nach Skopje transportieren; aber was mache ich mir Gedanken, über die Straße, ich lebe hier, ich bin zufrieden, hoffentlich bleibt es so.

Zwei gescheiterte Ehen sind genug; ich habe die Nase voll;
das erste Mal war ich noch im siebenten Himmel, will sagen,
sieben Meter über der Erde in der Luft; ich war siebzehn,
was weiß man da schon vom Leben; ein Mädchen flüstert
dem anderen die abenteuerlichsten Geschichten zu, dabei
hatte noch kein Mädchen was erlebt mit einem Mann;
Fantasien; dann kommt eben der Tag, da juckt es einfach
zwischen den Beinen, die Neugier ist es im Grunde genommen, die Eckensteherei wird man auch bald leid, und in den
Weiden und hinter den Bäumen, das läßt auch bald nach;
Auto hatte er auch keins, wer hatte schon ein Auto zu der
Zeit; naja, dann muß eben geheiratet werden; was anderes
kennt man ja nicht; wenn schon Geschlechtsverkehr, dann
verheirateter Geschlechtsverkehr; dann war es so, daß uns
meine Mutter erwischt hat; wir trieben es hinter dem
Hasenstall im Hof hinter unserem Haus; wir hatten meine
Mutter nicht kommen gehört; meine Mutter packte mich an
den Haaren, ich hörte nur Geschrei, ich wußte überhaupt
nicht, was los war, ich trieb auf den Höhepunkt zu; mit der
anderen Hand klatschte sie Pierre eine ins Gesicht; es war
schlimm, heute kann man darüber lachen, ich hatte damals
nur einen Wunsch, nämlich mich unsichtbar zu machen;
Pierre hat in seinem ersten Schreck meiner Mutter am
Hasenstall versprochen, mich zu heiraten; immerhin, er war
dreiundzwanzig Jahre alt; ich hatte ihn vier Stunden zuvor
auf einer Tanzveranstaltung kennengelernt, wir kannten
uns schon, eben so, vom Sehen; Mutter hat uns beide
gepackt und in die Wohnstube geschoben, Pierre hatte noch
seinen Hosenschlitz auf, und ich keine Schlüpfer an, meine
Strümpfe waren auf die Schuhe gerutscht; Vater saß im
Sessel und las Zeitung, es war abends um neun, Mutter hat
auf uns beide gedeutet und gesagt: die beiden wollen heira-

ten, was sagst du dazu, du hast doch hoffentlich nichts dagegen; Vater ist aufgestanden, er hat uns über den Brillenrand angesehen, er hat zu Pierre gesagt: junger Mann wenn du deine Hose wieder in Ordnung hast, dann gehe ich in den Keller und hole eine Flasche Wein zur Feier des Tages; acht Wochen später waren wir verheiratet, meine Mutter hatte eine panische Angst, daß ich ein Kind kriegen könnte, alles konnte ihr nicht schnell genug gehen, wir hatten nichts, nur das, was wir auf dem Leib trugen, wir bekamen auch von unseren Eltern nichts, seine und meine Eltern hatten ja selber nicht viel; nach der Hochzeit zogen wir in die Mansarde unseres Hauses, wo ich schon immer mein Zimmer hatte, daneben war noch ein Zimmer, Vater hatte darin sein Werkzeug, das brachte er in den Ziegenstall; zwei winzige Zimmer, Kammern waren es genau genommen, hatten wir; gekocht habe ich in Mutters Küche, das heißt, meistens hat Mutter gekocht für uns alle und wir mußten alle in der Küche essen; Mutter hat dann später auch alles besorgt und alles bestimmt, wenn wir uns billige Möbel kauften, Mutter hat ausgesucht, Mutter hat vorgeschrieben, was ich anziehen darf und sie hat mir immer in den Ohren gehangen, daß ich Pierre im Bett nicht allzuschnell entgegenkommen darf, ich müsse ihn zappeln lassen, nur so macht man sich begehrlich und die Männer gefügig, Mutter hat einfach für gut oder für nicht gut befunden; Mutter hat auch am Morgen, wenn Pierre und ich aus dem Haus waren, unsere Bettlaken kontrolliert, ob Flecken darauf waren; Mutter war einfach alles, damals, 1950.

Dominique Zehetbauer ist heute 41 Jahre alt, französische Staatsbürgerin, französische Nationalität, Muttersprache Deutsch. Manchmal ist sie unsicher, ob sie nun eigentlich Französin oder Deutsche ist, das hat mit der Geschichte ihres Landes und der Vergangenheit ihrer Familie zu tun, mal französisch, mal deutsch, dann wieder französisch, dann wieder deutsch, dann wieder französisch. Sie ist geboren, aufgewachsen, in die Schule gegangen in dem Städtchen

Beuzohville, wo sie heute noch wohnt. Es liegt etwa 15 Kilometer von der deutschen Grenze entfernt, 30 Kilometer sind es bis Saarlouis, wo sie seit Jahren in einem zahntechnischen Labor arbeitet. Sie fährt jeden Tag mit ihrem Renault R 4 zu ihrer Arbeitsstelle, sie ist als zahntechnische Assistentin angestellt. Sie wohnt nach wie vor im Haus ihrer Eltern, ihre Mutter starb vor vier Jahren, 1970, an Krebs. Ihr Vater ist Invalide. Sie führt den Haushalt, sie hat nicht viel dabei zu tun, denn ihr Vater ist noch rüstig. An den Wänden im Wohnzimmer hängen Fotografien von Männern. Männer in deutschen und französischen Uniformen aus der wechselvollen Geschichte Elsaß-Lothringens: deutsches Kaiserreich und französische Republik, Drittes Reich und besetztes Frankreich. Dominiques Onkel, ein Bruder ihres Vaters, trug von 1941 bis 1944 eine deutsche Uniform, er war freiwillig zur SS gegangen, ihr Vater war zwei Jahre, von 1942 bis 1944 bei den Röchlingwerken im Saargebiet dienstverpflichtet, ihr Onkel ist seit 1945 vermißt, die einen sagen, er lebe in der Bundesrepublik unter falschem Namen, andere nehmen an, er sei in den letzten Kriegstagen in die Hände der Resistance geraten. Zu Hause spricht Dominique mit ihrem Vater Deutsch, einen schwer verständlichen deutschen Dialekt, Französisch ist ihre Zweitsprache. Aber sie fühlen sich als Franzosen. Auch als Elsaß-Lothringen von 1940 bis 1945 zum Reichsgebiet erklärt wurde, blieben sie Franzosen, dachten und handelten wie Franzosen. Der vermißte Onkel heißt heute noch in der Familie: Das braune Schaf.

Drei Jahre dauerte die Ehe mit Pierre; ich könnte nicht sagen, daß die Ehe schlecht war, wir waren einfach zu jung und zu unerfahren, ganz einfach zu dumm, ich hatte nichts gelernt, ich war Lehrmädchen und Verkäuferin in einem Lebensmittelladen, ich hatte nicht einmal einen Lehrvertrag; Pierre fuhr eine Zeitlang einen Lieferwagen, dann ging er zu einer Firma, die Kanalisationsarbeiten ausführte; ich war das einzige Kind, ich konnte nie verstehen, warum meine Eltern mich nicht hatten etwas lernen lassen; der Krieg allein konnte es doch nicht gewesen sein und auch Armut ist kein Hindernis, das war es damals auch nicht, andere hatten einen Beruf gelernt, die hatten nicht mehr Geld als wir und waren fünf Kinder zu Hause; ich verkaufte jahrelang Milch und Käse; und dann das Leben bei den Eltern; Mutter nörgelte an allem herum, an mir, an Pierre, sie hatte ja den ganzen Tag über Zeit, sich für abends, wenn wir zu Hause waren, etwas zum Nörgeln auszudenken; schließlich war es so weit, daß Pierre und ich uns gelegentlich anschrien; hielt ich zu Pierre, bekam ich Krach mit meiner Mutter, ich bekam Krach mit Pierre, hielt ich zu meiner Mutter; und Vater hielt sich aus allem raus, er sagte immer nur, wie damals, als Pierre mit offenem Hosenschlitz nach mir ins Haus kam: also, wenn ihr fertig seid mit Streiten, dann hole ich eine Flasche Wein aus dem Keller; Vater hat ja nie etwas anderes gekannt als arbeiten und arbeiten, er war bei einem kleinen Baugeschäft Maurer und Betonierer; unser Haus hat er, Stein für Stein, selbst aufgebaut in seinen freien Stunden, sogar sonntags hat er gearbeitet und manchmal auch nachts im Licht der Stallampe; er hat nie Zeit gehabt, sich um etwas anderes zu kümmern, war die eine Arbeit am Haus erledigt, wartete schon die andere, und wartete keine Arbeit, dann hat er sich eine gesucht; und dann seine Kaninchen; zeitweise hatten wir vierzig bis fünfzig Stück, Vater sagte, das Fleisch, das man selbst hat, braucht man nicht zu kaufen; Mutter mußte für das Futter sorgen, sie hat Straßengräben gemäht, die waren zu pachten, später kamen noch Hühner, wegen der Eier, später dann auch zwei Ziegen, wegen der Milch, das alles, so mein Vater, brauchte man nicht zu kaufen, dabei mußte ich mich schon erbrechen, wenn ich nur die Ziegenmilch roch, und ich konnte jahrelang kein Kaninchenfleisch mehr essen; und dann kam es eben, wie es kommen mußte: Pierre kam immer später nach Hause, er blieb manchmal auch die ganze Nacht weg; erst redete er sich raus, er habe bei einem

Freund übernachtet, weil er betrunken war, schließlich gestand er doch, als es schon die Spatzen von den Dächern pfiffen, daß er ein Verhältnis mit einer Frau hatte; die Frau habe ich wenige Tage später kennengelernt; ich ging einfach zu ihr in die Wohnung, hier in Beuzohville; Pierre lag auf der Couch, als gehöre er seit Jahren in diese Wohnung; die Frau wurde blaß und rot, als sie mich erkannte, Pierre ist nicht einmal von der Couch aufgestanden; die Frau war mindestens zehn Jahre älter als er, so Mitte Dreißig, aber ihre Wohnung war tipptopp in Ordnung, sauber, sie war Witwe, und man hatte ihr eine kleine Unfallrente ausbezahlt, weil ihr Mann vom Gerüst gestürzt war und sofort tot war, ihr Mann war Dachdecker; ich war erst so wütend, daß ich die Frau anspringen wollte, aber plötzlich sagte sie: setzen Sie sich doch, soll ich einen Kaffee machen; da habe ich mich irgendwie geschämt, ich weiß auch nicht recht, was für Gefühle ich damals hatte, ich konnte ihr einfach nicht mehr böse sein; in ihrem Haus war Ruhe, keine Hast, kein Streit; sie hat Kaffee gekocht, wir haben etwa zwei Stunden geredet, über alles Mögliche, nur nicht über Pierre und mich und die Situation, in der wir uns befanden; Pierre war kein einziges Mal von der Couch aufgestanden, er hatte nur in alten Illustrierten geblättert; ich bin dann gegangen und an der Tür habe ich gefragt: du gehst wohl nicht mit; nein, hat er gesagt, ich bleibe, ich bleibe jetzt für immer, grüß deine Eltern schön von mir; ich glaube, ich war nicht einmal traurig, ich war, wenn ich es heute so sehe, vielleicht sogar erleichtert; zu Hause habe ich seine Sachen gepackt, viel hatte Pierre ja nicht, nur Kleidung, und auch damit bekam ich keinen Koffer voll; meine Mutter hatte getobt, sie wollte losrennen und Pierre aus dem Sündenbabel, wie sie sich ausdrückte, herausholen, aber da habe ich zum ersten Mal meinen Vater eingreifen sehen, er hat meine Mutter zurückgehalten und gesagt: Reisende soll man nicht aufhalten; das weitere war dann nicht mehr schwierig, es dauerte dann noch zwei Jahre, bis wir geschieden waren, endgültig, da war ich zweiundzwanzig Jahre alt; was man doch so hinter sich bringt, in jungen Jahren schon; die Ehe war ein Irrtum, weil wir beide für eine Ehe zu dumm waren.

Ich sah eine Fotografie von Dominique, als sie zweiundzwanzig Jahre alt war. Ein schönes, gut gewachsenes Mädchen. Ihr erster Mann Pierre hat die Frau, zu der er damals gezogen war, nicht geheiratet, er ging wenige Monate später nach Paris. Seitdem hat Dominique von ihm nichts mehr gehört, sie hat sich auch nicht darum bemüht, etwas über ihn in Erfahrung zu bringen. Nach der Scheidung wurde ihr die Wohnung ihrer Eltern zur Qual und die Kleinstadt zum Spießrutenlauf. Da waren der schweigsame Vater und die zeternde Mutter. Der Vater, der, wenn er den Mund auftat, nur davon sprach, was es alles morgen oder übermorgen oder in einigen Jahren am Haus zu tun geben würde, daß man sparen müsse, um Zement und Holz, Nägel und Steine zu kaufen, und die Mutter, die Dominique ständig in die Ohren keifte, daß sie, trotz ihres guten Aussehens, nicht fähig sei, einen Mann zu halten oder einen neuen zu finden. Dominique blieb noch ein halbes Jahr, dann bewarb sie sich um eine Stelle in Thionville, etwa dreißig Kilometer von Beuzohville entfernt, nördlich von Metz, sie hatte in einer Zeitung eine Anzeige gelesen, ein Zahnarzt suchte eine Sprechstundenhilfe, auch Berufsfremde oder nicht speziell dafür Ausgebildete könnten sich bewerben. Sie zögerte erst. Die neue Stadt, die neuen Menschen, die Unsicherheit, das Fremde, davor schreckte sie zurück. Bei ihren Eltern war sie, trotz der täglichen Reibereien, doch versorgt, ihr weniges Geld, das sie als Verkäuferin verdiente, durfte sie behalten. Aber sie bewarb sich, weil sie von zu Hause weg wollte, sie setzte sich in den Autobus und fuhr nach Thionville, sie hatte sich einen Tag frei genommen, ihren Eltern hatte sie nichts davon erzählt, sie suchte in Thionville die Straße, in der der Zahnarzt seine Praxis hatte; sie setzte sich ins Wartezimmer zu den Patienten und wartete, bis sie an die Reihe kam, sie ging dann in die Ordination, sie sagte, daß sie wegen der ausgeschriebenen Stelle gekommen sei.

Ausschlaggebend für meinen Entschluß damals war wohl, weil in dem Inserat stand, ein eigenes möbliertes Zimmer gehöre zum Arbeitsvertrag; als ich den Mann sah, hat es mir einen Schlag gegeben; ich dachte sofort: mit dem möchte ich schlafen; Robert war fünfzehn Jahre älter als ich; von mir aus kann ich sagen: es war Liebe auf den ersten Blick; er sagte mir damals, als ich mich vorstellte, die Stelle wäre zwar schon besetzt, aber dem Mädchen, das sich beworben und vorgestellt habe gestern und der er auch schon so halb und halb zugesagt habe, könne er jederzeit wieder absagen, sofern ich mich entschließen könne, sofort ja zu sagen; er nannte mir den Lohn, er zeigte mir mein Zimmer, das im Anbau des Hauses einen separaten Eingang hatte; ich sagte ja; und doch war ich so verwirrt, daß ich anschließend zwei Stunden lang ziellos durch die Stadt lief; es war Abend geworden; als ich in mein Zimmer zurückkam, zu dem mir Robert, nachdem ich ja gesagt hatte, sofort den Schlüssel gab, saß Robert in einem Sessel; er blieb bei mir die ganze Nacht; am nächsten Morgen hat er mich mit seinem Wagen nach Beuzohville gefahren, um meine Sachen zu holen; es war ja nicht viel, nur Kleidung und ein paar persönliche Dinge; meine Mutter sah sprachlos zu, sie war von der Schnelligkeit und der Selbstverständlichkeit, mit der alles abrollte, genau so gelähmt wie ich; ich konnte überhaupt nicht mehr denken, die Nacht ging mir durch den Kopf, er hat mich genommen und ich habe mich ohne Widerstand nehmen lassen und ich habe in dieser Nacht eine neue, eine ganz neue Welt kennengelernt; Robert war einfach ein Mann, kein Junge, der hinter Mädchen herpfeift und dann versagt, wenn es so weit ist; er hat einfach zu mir gesagt: ich ziehe dich jetzt aus, dann ziehst du mich aus; das habe ich gemacht, wie unter Hypnose; ich wußte am nächsten Morgen, daß er verheiratet war, zwei Kinder hatte, und eine schöne und charmante Frau, daß er nicht daran dachte, sich meinetwegen scheiden zu lassen, er liebe seine Frau und seine Kinder und mich brauche er zum Ausgleich, ich solle keine Szenen machen, und sollte er einmal bemerken, daß ich seiner Frau gegenüber hochnäsig wäre, dann werde er mich eigenhändig aus dem Haus werfen; er hat das ganz ruhig gesagt, freundlich, aber mir war, als kippe mir jemand einen Eimer Wasser über den Kopf, nach dieser Nacht; ich habe geheult, aber er hat nur gesagt, wenn ich nicht sofort mit dem Heulen aufhörte, dann könnte ich gehen; in der ersten Zeit kam er nach der Ordination zu mir, wenn wir satt waren, dann ging er und ich konnte tun und lassen, was ich wollte, oft kam er auch spät in der Nacht zu mir und ich wußte, daß er von seiner Frau kam, sein Penis war noch feucht vom Orgasmus; gleich vom zweiten Tag an in der Ordination — ich habe erstaunlich schnell gelernt, welche Bezeichnung und welche Bedeutung die einzelnen Geräte hatten, was ich reichen mußte, was ich wegnehmen mußte — durfte ich unter dem weißen Kittel nichts tragen, und manchmal haben wir es auch in der Ordination getrieben, das klingt kitschig, aber warum soll Kitsch nicht wahr sein, es war nun mal so, ich war wie in einem Rausch, ich fühlte mich wie in einer anderen Welt, ich habe mir keine Gedanken darüber gemacht, ob seine Frau etwas davon wüßte, ich hatte nach dem Mann ein unbeschreibliches Verlangen, ich hätte wahrscheinlich zu der Zeit alles für den Mann getan, egal, was er von mir verlangt hätte; ich war verliebt, ich liebte ihn; auch mein sexuelles Verlangen steigerte sich noch, es kam die Zeit, wo nicht er der Fordernde war, wo ich es war; heute bin ich einundvierzig Jahre alt, und manchmal frage ich mich, ob denn das alles wahr gewesen ist; ja, es war alles wahr, unser Verhältnis war sogar noch leidenschaftlicher, als ich es heute nach so vielen Jahren sagen kann, ich war den ganzen Tag über in einer sexuellen Erregung, wie seitdem nicht mehr, ich habe damals begriffen, daß sexuelle Dinge nicht nur eine Notwendigkeit sind und daß sie nicht nur Spaß machen, ich habe gelernt, daß man eine Kunst daraus machen kann, daß es nicht der Orgasmus ist, sondern das Drum und Dran; so war das damals, und ich wußte auch, daß die Männer hinter mir her waren, manche, wenn sie die Ordination betraten, streiften mich bewußt, es hatte sich wohl rumgesprochen, daß ich unter meinem weißen Kittel nackt ging, jedenfalls nahm die Zahl der Patienten, vor allem der männlichen, zu; ich weiß nicht, ob das von Robert auch mit eingeplant war, jedenfalls sagte er mir einmal, er sei mit mir zufrieden, mit meiner Arbeit, und vor allem, daß ich ihm Patienten in die Praxis hole; das dauerte zwei Jahre, zwei leidenschaftliche Jahre; ich hatte ein schönes Zimmer, ich hatte mein eigenes Geld und ich habe kaum etwas ausgegeben, Robert kaufte mir, was ich brauchte, nach zwei Jahren aber, ich merkte wohl, daß sein Verlangen nach mir nachgelassen hatte, mein Verlangen nach ihm war wie am ersten Tag, sagte er mir, ich sollte mir eine andere Stelle suchen; er hatte auch schon etwas für mich gefunden, bei einem seiner Bekannten, er hatte ein zahntechnisches Labor, er stellte Zahnprothesen her, Gebisse; damals, als er mir das eröffnete, war mir, als stoße mich jemand in Eiswasser, ich war tagelang unfähig zu denken, ich machte meine Arbeit rein mechanisch; Robert schickte mich also fort, ich war ihm über geworden, und nach Tagen erst reagierte ich wie wahrscheinlich alle Frauen in meiner Situation damals reagiert hätten, ich schrie ihm ins Gesicht: so, ich bin dir also nicht mehr gut genug, aber wenn du mich fortschickst, dann erzähle ich alles deiner Frau, alles; da lachte er nur, dieses Lachen war verletzender als alles andere, und antwortete: mein Gott, bist du denn wirklich so dumm oder willst du es nicht wissen, daß meine Frau meine Sprechstundenhilfen aussucht, ja, ich war so dumm.

1956, im Dezember, Dominique war 23 Jahre alt, zog sie von dem Zahnarzt, der ihr Liebhaber war und den sie auch geliebt hatte, weg. Beruflich hatte sie viel gelernt, er schrieb ihr auch ein glänzendes Zeugnis und hat ihr sogar noch ein Zimmer in der Innenstadt besorgt. Ihr neuer Chef, schon über fünfzig Jahre alt, war freundlich und nicht zudringlich. Anfangs hatte sie den Verdacht, daß ihr ehemaliger Geliebter sie an einen Bekannten verkuppeln wollte. Aber ihr neuer Chef – seine beiden Söhne studierten in Paris Zahnmedizin – nahm sie freundlich auf und blieb auf Distanz. Durch ihre Tätigkeit in der Zahnarztpraxis hatte sie schon eine gewisse Vorbildung und sie erhielt einen Vertrag als Zahntechnikerin mit eineinhalbjähriger Laufzeit. Sie verdiente, umgerechnet, 400 Mark, aber sie war anspruchslos, ihr Zimmer, mit allen Nebenkosten, wurde von ihrem Arbeitgeber bezahlt. Im Labor arbeiteten vier Männer und drei Frauen. Während der zweieinhalb Jahre, die sie dort arbeitete, fuhr sie jedes Wochenende nach Hause, als Anhalterin oder aber Bekannte nahmen sie mit. In dieser Zeit mied sie Männerbekanntschaften, obgleich sich einige Männer ernsthaft um sie bemühten, sie ging nicht tanzen, sie schlug Einladungen aus. Zweieinhalb Jahre verkroch sie sich in ihr Zimmer. Sie kaufte sich ein gebrauchtes Fahrrad und fuhr täglich, auch bei schlechtem Wetter damit. Sie begann zu lesen, wahllos holte sie Bücher aus der Stadtbücherei. Nur zu politischen Veranstaltungen ging sie, sie schwärmte für de Gaulle und Adenauer. War sie übers Wochenende bei ihren Eltern, mied sie den Ort, saß die meiste Zeit im Wohnzimmer und sah Fernsehen, auf Drängen ihrer Mutter – die damals schon kränklich war, bei der sich aber dann eine ernste Krankheit abzeichnete – hatte ihr Vater einen Apparat gekauft. Sie sahen vorwiegend das deutsche Programm, nur bei den Nachrichten schalteten sie auch auf den französischen Kanal um, sie wollten beide Seiten zum gleichen Thema hören. Einmal traf sie Robert in Thionville auf der Straße. Sie wollte weglaufen. Aber er kam mit ausgestreckten Armen auf sie zu, umarmte sie und lud sie in ein Café ein. Sie saßen eine Stunde beisammen und redeten, das heißt, er redete, er erzählte, daß er mit seiner Familie und der neuen Sprechstundenhilfe einige Wochen im Schwarzwald gewesen war. Sie empfand plötzlich nichts mehr für ihn, er war ihr fremd geworden, obwohl er ihr dauernd versichert hatte, daß sie noch begehrlicher geworden sei. Sie hatte genickt und geantwortet, er brauche ihr das nicht zu sagen, sie wisse das selbst. Sie trennten sich, und Dominique hatte gedacht, hoffentlich treffe ich dich nie wieder.

Ich hatte meine Ausbildung abgeschlossen, ich erhielt ein Diplom als Zahntechnikerin; da stand ich nun und wußte nichts mit mir und meinem Diplom anzufangen, das Diplom konnte ich mir an die Wand hängen; ich fragte mich in dieser Zeit oft, was das Leben denn nun eigentlich ist; jeden Morgen ins Labor, jeden Morgen die gleichen Gesichter, jeden Tag dieselben Geschichten, jeden Abend aufs Fahrrad oder vielleicht eine Stunde durch die Stadt bummeln, dann nach Hause, Radio aufdrehen und Bücher lesen; das Lesen allerdings wurde mir langsam zum Bedürfnis; ich mußte oft über mich selber lachen, denn seit der Schulzeit hatte ich kein Buch mehr angefaßt; und zum Wochenende nach Haus zu den Eltern, vor den Fernseher oder bei schönem Wetter saß man im Garten und bestaunte, was Vater in der letzten Woche wieder alles gemacht hatte; das Kaninchen, das ich eine Woche vorher geschlachtet hatte, das gab es am Sonntag dann zu Mittag — was übrig blieb nahm ich mit nach Thionville und aß es kalt — und ich mußte wieder ein Kaninchen schlachten für den nächsten Sonntag. Vater hat sie nur gezüchtet und fett gefüttert, aber selber konnte er sie nicht schlachten; zweieinhalb Jahre hatte ich mit keinem Mann geschlafen, ich träumte oft davon und in wachen Träumen holte ich mit geschlossenen Augen die Zeit mit Robert zurück, aber ich rannte schon weg, wenn mich ein Mann auf der Straße ansprach und nur nach dem Weg oder einer Adresse fragte; was sollte ich tun, fragte ich mich immer wieder, ich war sechsundzwanzig Jahre alt, endlich hatte ich einen Beruf und konnte Forderungen stellen; plötzlich wurde mir alles zu eng, die Stadt, mein Zimmer, mein Arbeitsplatz, ich hatte manchmal das Gefühl, auch meine Haut sei zu eng geworden; mein Chef war gut, er sagte, wenn es mir nicht mehr gefällt, könne ich jederzeit gehen; gehen – wohin? ich war durch das Erlebnis mit Robert schreckhaft geworden, ich lebte eine Zeitlang in der Vorstellung, jeder auf der Straße müßte mir ansehen, was damals mit Robert war, ich bin, glaube ich, in dieser Zeit ständig mit gesenktem Kopf herumgelaufen; es haben sich mir viele genähert, ich sah schließlich auch nicht wie eine Vogelscheuche aus, ich kleidete mich modisch, ich wollte gefallen und hatte doch vor Männern Angst; allmählich wurde es auch zu Hause besser, meine Mutter hatte sich abgewöhnt, Fragen zu stellen; mein Vater hat ja nie gefragt; ich habe wieder Zeitung gelesen, ich suchte eine Stelle als Zahnlaborantin; am besten waren die Aussichten in Deutschland, aber damals wäre es mir nie in den Sinn gekommen, nach Deutschland zu gehen, ich mochte die Deutschen nicht besonders, aber ich haßte sie auch nicht; nach Deutschland gehen, das kam mir damals vor, als würde man sein Vaterland verraten, obwohl doch viele aus unserem Ort über der Grenze arbeiteten; ich dachte mir, gehst einfach nach Paris, wenn man bei uns nicht weiter weiß, dann geht man eben nach Paris, es wird sich schon was finden; ich hielt es nicht mehr aus in Thionville, ich war entschlossen zu kündigen, auch auf die Gefahr hin, längere Zeit keine gleichwertige Arbeit zu finden, auch auf die Gefahr hin, zu Hause zu sitzen und Kaninchen zu füttern oder vielleicht wieder Milch, Käse und Eier zu verkaufen in meinem alten Laden; ich hatte mir vorgenommen, wenn ich am Wochenende von meinen Eltern zurückkomme, gehe ich zum Chef und kündige; das war im Dezember 1959; ich wollte wieder das Fahrgeld sparen und trampte wie so oft, schließlich hatte ich Erfahrung, ich wußte, wie man Autofahrer zum Halten bringt, ich lief einfach vor die Stadt, ich wußte, bei dem Wetter hält jeder, es nieselte und zwischendurch goß es minutenlang, ich weiß es noch wie heute; dann fuhr einer vorbei, ich schimpfte hinter ihm her, er hatte mich bis oben hin vollgespritzt, er war durch eine tiefe Pfütze gefahren;

fünfzig Meter weiter hielt er, er stieg aus und winkte mir; ich zögerte, ich hatte eine Stinkwut auf ihn; er fuhr einen VW, der Wagen hatte ein deutsches Kennzeichen; ich setzte mich rein, er fuhr weiter, er fragte auf französisch, es war fließend aber mit unverkennbar deutschem Akzent, wohin ich wolle, ich antwortete, mit mir können sie ruhig Deutsch sprechen; er lachte, es war ein gutes Lachen; ich dirigierte ihn bis vor unser Haus, sagte, daß ich hier aussteigen müsse, und der unverschämte Mensch erwiderte, wenn er mich schon mitgenommen hätte, dann habe er auch Anspruch auf eine gute Tasse Kaffee; ich sagte gereizt, wir haben zu Hause nur Kaninchen; das sei seine Leibspeise, sagte er; ich nahm ihn mit; Erich wurde mein zweiter Mann.

1960, in der Osterwoche, heiratete Dominique Gautier den Monteur Erich Zehetbauer in Merzig im Saarland. Ihr Mann arbeitete als Monteur bei einer Elektromotorenfabrik, die in Saarlouis eine Verkaufsniederlassung unterhielt. Erich Zehetbauer hatte viel in Frankreich zu tun, vor allem im nordfranzösischen Industriegebiet, sein Französisch hat er nicht in der Schule, sondern so nach und nach bei der Arbeit in Frankreich gelernt. Dominique gab ihre Arbeit in Thionville auf und zog nach Merzig in das Haus ihrer Schwiegereltern, ihr Schwiegervater war Meister bei den Röchlingwerken in Völklingen, sie und ihr Mann hatten im ersten Stock eine Wohnung, dreieinhalb Zimmer, schräge Wände. Dominique zog in ein fertiges Nest. Sie ließen sich standesamtlich trauen, weil sie katholisch war und ihr Mann protestantisch. Bald nach der Heirat bemühte sie sich wieder um Arbeit, zu Hause wurde es ihr zu langweilig, denn ihr Mann war viel unterwegs, oft länger als eine Woche nicht zu Hause, sie half bei den Schwiegereltern im Garten, sie machte sich im Haus nützlich und die Schwiegereltern waren anfangs auch stolz auf ihre Schwiegertochter, sie sah gut aus und konnte sich anpassen, sie war freundlich und hatte für die Nachbarn immer ein verbindliches Wort. Später änderte sich das, langsam schlug die Stimmung um. Als die Schwiegereltern bemerkten, daß Dominique anderen Männern gefiel und ihr auch nachgestellt wurde, wenn ihr Mann auf Montage war, stichelten sie täglich. War es anfangs noch als Scherz gemeint, so spürte sie bald Vorwürfe, ihr Verhältnis wurde gespannter, erst recht, als ihre Schwiegermutter sie mit einem fremden Mann in einem Café in Saarlouis sitzen sah, fröhlich und ausgelassen. Die Schwiegermutter erzählte es ihrem Sohn, der seine Frau zur Rede stellte. Von dem Tag an war auch zwischen ihnen etwas. Die Wahrheit wird bezweifelt, die Lüge wird geglaubt.

Da bekommen plötzlich diese Redensarten Gewicht, eine schöne Frau ist untreu, treu ist nur ein Aschenputtel; dabei hat es so gut angefangen, damals, als ich ihn einfach mit zu meinen Eltern nahm; er schlief in meinem Zimmer, ich auf der Couch im Wohnzimmer, als er am nächsten Tag abfuhr, sagte er nur: ich komme wieder; am Wochenende darauf war er tatsächlich da und machte mir einen förmlichen Heiratsantrag; ach, diese Deutschen, alles muß bei denen seine Ordnung haben; ich mußte lachen, aber ich sagte ja; ich weiß nicht warum; weil ihn ihn liebte, weil ich unbedingt weg wollte; er gefiel mir in seinem feinen und steifen Anzug, der nicht zu seinen breiten Händen passen wollte; er sah gut aus, er verdiente gut; dann überstürzte sich alles, der Mann hatte eine Hast, die störte und die doch wieder sympathisch war; meine Eltern sahen zwar etwas dumm aus, weil ich ausgerechnet einen Deutschen heiratete, aber dann war es ihnen recht, Merzig war ja nicht aus der Welt, die Grenze war kein Hindernis, sie konnten mich besuchen, ich sie; Erichs Mutter hatte mich bei meinem ersten Besuch eingehend gemustert, sie hatte Röntgenaugen, sie sagte am ersten Tag, als wir beim Abendessen saßen, einen Satz, der wohl nicht so dahergeredet war, der für sie eine Art Lebensauffassung bedeutete, sie sagte zu Erich: Junge, da hast du dir was aufgeladen, auf schöne Frauen muß man aufpassen, sonst gehören sie bald allen; wir haben damals darüber gelacht;

jaja, über was man nicht alles lacht; na, dann mußte kommen, was kommen mußte; ich war nach Saarlouis gefahren, ich hatte ein Inserat in der Zeitung gelesen, ein Zahnlabor suchte einen Mitarbeiter; ich habe mich vorgestellt, sie sagten, man werde mir schreiben, dann traf ich den Mann aus Thionville, er war der Besitzer des Bistros an der Ecke der Straße, wo ich zweieinhalb Jahre mein Zimmer hatte, in dem Bistro hatte ich mir manchmal etwas zu essen gekauft; natürlich kann man nicht aneinander vorbeigehen, so eine unverhoffte Begegnung muß einfach gefeiert werden; ich weiß nicht, ob meine Schwiegermutter zufällig vorbeikam – was hatte sie in Saarlouis zu suchen – sie muß mir gefolgt sein, ich bin heute überzeugt, sie schlich, wo sie nur konnte, hinter mir her; ich bekam die Stelle im Labor, ich glaubte damals nicht daran, ist doch die alte Masche, man sagt, wir werden ihnen schreiben, weil sie keinen Mumm haben, einem die Ablehnung ins Gesicht zu sagen; ich fiel, als der Brief kam, aus allen Wolken, man bot mir tausend Mark brutto, ich verdiente damit fast so viel, wie Erich; in dem Labor arbeite ich noch heute, ich bin nach dem Inhaber sozusagen die erste Kraft, ich werde hier alt und grau werden, und ist der Chef verreist, schmeiße ich den ganzen Laden, auch das Geschäftliche, nicht nur die Prothesen; für die anderen im Labor bin ich einfach die Französin; aber sie respektieren mich; wir haben, mit zwei Lehrlingen sind wir acht Leute, ein gutes Verhältnis miteinander; damals schon begann die alte Leier, meine Schwiegermutter sagte, eine Frau gehört ins Haus, und sie waren auch nicht froh darüber, daß ich so viel verdiente; sie wollten nicht begreifen, daß ich mich langweilte, daß eine Frau, wenn sie keine Kinder hat, eine Arbeit, eine Aufgabe haben muß; zu Hause sitzen und auf den Mann warten, das ist keine Aufgabe, das ist Sklaverei; aber was soll's, weder meine Mutter noch meine Schwiegermutter hatten gelernt, über den Kochtopf wegzugucken, sie waren immer nur auf ihren Mann fixiert; am schlimmsten war es, wenn mich Erich manchmal vom

Labor abholte, er sah die jungen Männer im Labor und in seiner Vorstellung mußte ich dann schließlich mindestens einmal mit jedem von ihnen geschlafen haben, es kam ihm gar nicht in den Sinn, daß er mich damit beleidigte, er hat mir auch nie geglaubt, daß ich die Jahre im Labor in Thionville ohne Mann gelebt hatte, er sagte darauf nur, einer Deutschen könnte man das glauben, einer Französin nicht; daß unsere Ehe ernstlich gefährdet war, wurde mir dann bewußt, als Erich einmal nach zehn Tagen Abwesenheit von Montage zurückkam, er wollte nichts von mir im Bett, und als ich Annäherungsversuche machte, was er immer so gern hatte, brummte er nur: laß mich in Ruhe, ich bin müde; aber ich sagte mir, meine erste Ehe war eine Dummheit, aus Unerfahrenheit bin ich hineingeschlittert, vielleicht auch aus Neugier, meine zweite Ehe werde ich retten, ich werde mich nicht fortschicken lassen, ich werde meinen Platz, der durch Unterschrift und Stempel auf dem Standesamt bestätigt wurde, behaupten und um ihn kämpfen, ich bin schließlich seine Frau, ich hätte Erich zur damaligen Zeit sogar ein Verhältnis mit einer anderen verziehen; aber das sagt sich so, das ist dann alles anders, wenn man im Haus der Schwiegereltern wohnt, da ist immer einer da, da wird das harmloseste Gespräch zwischen Eheleuten immer vor einem Zuhörer ausgetragen, und mein Mann hörte mit der Zeit immer mehr auf seine Mutter und als ich einmal wütend wurde und seine Mutter aus unserer Wohnung wies, da stand sie an der Tür und fing an zu heulen und sie schrie mir ins Gesicht, was ich verlotterte und verhurte Französin hier eigentlich zu sagen hätte, ich dürfte froh sein, hier überhaupt aufgenommen worden zu sein, und immer wieder keifte sie Franzosenflittchen, Französinnen wären alle so, die gehörten allen Männern und ich wäre der böse Geist in diesem Haus und für ihren Sohn, da bin ich aufgestanden und habe meine Schwiegermutter geohrfeigt; ich weiß auch nicht mehr, warum ich mich plötzlich nicht mehr beherrschen konnte, es kam einfach über mich, dieses Gesicht, diese überschnappende Stimme, es war einfach zu viel, zu viele Kränkungen hatten sich angestaut; Erich stand mitten im Zimmer, die Frau machte ein Theater, als wäre ich mit einem Messer an ihrer Kehle; da sagte Erich zu mir: geh aus dem Haus! Sofort! Ich ging auch, sofort; das war 1963; ich zog wieder zu meinen Eltern, aber was mich am meisten überraschte, als ich an dem Samstag nach Hause kam, war, daß meine Eltern ganz ruhig blieben, und als ich ihnen alles erzählt hatte, ich sagte, was ja nicht ganz die Wahrheit war, ich sei weggelaufen, da sagte mein Vater, der doch sonst niemals was sagte: was machst du dir Gedanken, droben ist deine Wohnung, wir haben sie nicht vermietet, ich hatte so eine Ahnung, daß du wieder kommst; ich kenne doch die Deutschen, bei denen kann man gut arbeiten, aber nicht leben; sieh nur zu, daß du deine Stellung behältst, in Deutschland verdient man gut; ich war noch keine dreißig Jahre alt, und alles war zerbrochen; am nächsten Tag rief ich den Chef an und meldete mich krank, ich kaufte mir einen gebrauchten Renault, damit ich jeden Tag nach Saarlouis fahren und abends nach Beuzohville zurückkehren konnte, ich wollte mir keine Wohnung suchen, ich hatte keinen Führerschein, es hat mich niemand erwischt, den Führerschein mußte ich erst machen, ich fuhr drei Monate ohne Führerschein, es hat mich niemand erwischt, und an der Grenze kannte ich ja alle, die Franzosen und die Deutschen, da redet man schon über dies und das, die Zöllner sind immer freundlich, ich war für sie ja ein vertrautes Gesicht; es blieb natürlich nicht verborgen, daß ich nicht mehr in Merzig wohnte, daß ich wieder in Beuzohville bei meinen Eltern war, daß wir getrennt lebten, ich habe dann auch meinen Chef eingeweiht, der saß da und hat genickt und dann gesagt: Sie brauchen sich doch nicht vor mir zu entschuldigen, Ehen sind dazu da, daß sie geschieden werden, ich schätze ihre gute Arbeit und ihre Umsicht, aber mit den Schwiegereltern werden sie Schwierigkeiten haben, die sehen eine Scheidung als Prestigeverlust an, ich kenne diese Leute; und eines Tages wartete Erich vor meiner Arbeitsstelle auf mich; er nahm mich einfach am Arm, als ich in meinen Wagen steigen wollte, Kollegen sind mit mir aus dem Labor gekommen; Erich sagte: komm mit nach Hause, alles ist vergessen, entschuldige dich bei meiner Mutter, dann ist es wieder, wie es war; ich antwortete ihm, er und seine Mutter sollen sich erst bei mir entschuldigen, denn sie hat mich beleidigt und er hat mich rausgeworfen, aber er meinte nur, die Leute reden, das Gerede in der Nachbarschaft muß ein Ende haben, und da erfuhr ich, daß seine Mutter zu den Nachbarn gesagt hatte, ich wäre deshalb nicht im Haus, weil ich meine kranke Mutter pflegen müßte; er sagte, er sehe keinen Grund, sich zu entschuldigen, eine Frau müsse nun mal gehorchen; ich ließ ihn stehen und sagte noch, ich ließe mich nur einmal rausschmeißen, kein zweites Mal; da hat er mich geschlagen, die Arbeitskollegen sind dazwischen gegangen; so war das.

Von diesem Tage an betrieb Dominique die Scheidung. Ihr Mann lehnte ab, vor allem seiner Mutter wegen, für die es unvorstellbar war, daß Verheiratete auch wieder auseinandergehen können. Anfangs schrieb Erich ihr jede Woche einen Brief, sie solle zurückkommen, aber sie hat nie geantwortet. Einmal wartete er auf sie auf der deutschen Seite der Grenze, sie bemerkte ihn und fuhr ohne anzuhalten weiter, er folgte ihr bis zum Labor und machte noch einmal den Versuch, sie zurückzuholen und ließ erst von ihr ab, als sie mit der Polizei drohte. Ein Jahr nach ihrer Trennung fuhr Dominique zu ihren Schwiegereltern nach Merzig, die glaubten, sie komme zurück, aber Dominique wollte auf ihre Schwiegereltern einwirken, damit ihr Mann in die Scheidung einwilligt, denn, so ihr Argument, sollte Erich einmal etwas passieren, gelte sie immer noch als Ehefrau und damit als Erbin, denn Kinder hätten sie ja nicht. Aber die Schwiegermutter hatte darauf nur eine Antwort: das französische Flittchen wünsche ihrem Sohn sogar den Tod. Dominique ging in der Überzeugung, daß mit Argumenten nichts mehr auszurichten sei und nur das Warten eine

Lösung bringen könnte. Vier Wochen später war ihr Mann tot. Er stürzte in Reims zwanzig Meter tief von einem Gerüst. Er war sofort tot. Dominique hätte dieses Unglück herbeigewünscht, sagten die Schwiegereltern und sagten auch die Nachbarn, in ihren Augen war sie eine Mörderin. Bei der Beerdigung, zu der Dominique auch ihre Eltern mitgenommen hatte, kam es zum Skandal. Ihre Schwiegermutter schrie, als der Sarg in das Grab gelassen wurde: Da steht sie, das Flittchen hat ihn umgebracht. Am Grab erlitt ihre Schwiegermutter einen Nervenzusammenbruch. Seitdem hat Dominique das Haus ihrer Schwiegereltern nicht mehr betreten, sie hat auf alles verzichtet, was ihr gesetzlich als Erbschaft zugestanden hätte, sie wollte mit dem Kapitel ihres Lebens nichts mehr zu tun haben, sie fuhr auch nicht nach Merzig, als 1970 ihr Schwiegervater schrieb, daß sie sich freuen würden, wenn Dominique sie besuchen käme, alles solle vergessen sein, sie wären nun alt geworden, und Alter verzeihe. Ihr Schwiegervater hatte alles in die Wege geleitet, damit Dominique das Haus erbt. Dominique war über den Brief so wütend, daß sie ihren Schwiegereltern antwortete, sie sollten ihr Haus anzünden und von der Versicherungsprämie eine Fahrkarte in die Hölle lösen. Dominiques Elternhaus steht am Stadtrand von Beuzohville inmitten einer häßlichen Siedlung, ihr Vater, der bei der letzten Präsidentenwahl, genau wie sie selbst, Mitterand gewählt hatte, ist nun Invalide und seit dem Tod seiner Frau genießt er sein Dasein erst richtig, endlich kann er tun und lassen, was er will, von morgens bis abends im Haus und im Garten arbeiten. Dominique hat heute dafür Verständnis, sie ermuntert und unterstützt ihren Vater.

Zwei gescheiterte Ehen sind genug; ich frage mich manchmal, warum es bei anderen so gut geht, bei mir nicht; aber ich tröste mich damit, daß es bei anderen auch nicht gut geht, es sieht nur so aus, sie haben nicht den Mut, auseinanderzugehen, sie quälen sich durch die Jahre; wenn man etwas auf der Welt lernen muß, dann ist es: Schluß machen können; nicht nachtrauern; ich könnte sofort wieder heiraten, ich bin einundvierzig, im besten Alter, auch für eine Frau, aber ich mag nicht mehr, und das Bett ist nicht die Ehe, nur eine Abwechslung; trotzdem, man muß einen Mann haben, man kann sich nicht dauernd selbst befriedigen, vielleicht haben es die Lesbischen leichter; ich habe es gut, wer hat es schon so gut wie ich, ich verdiene in Deutschland tausendachthundert Mark netto, und das ist noch mehr, wenn man in Frankreich lebt; ich habe ein Konto in Deutschland und ein Konto in Frankreich, egal, wie es kommt, ich habe mein Schäfchen im Trocknen; mein Vater macht den Haushalt und finanziert ihn auch von seiner Rente; mein Geld habe ich für mich allein; und dann, ich werde zwei Häuser erben; wie sich das anhört, ich wäre nie auf den Gedanken gekommen, ein Haus zu bauen, mein Leben lang für ein Haus zu arbeiten, das waren Idioten früher für mich, jetzt sehe ich doch, was das für Vorteile hat; ich habe ein Haus in Frankreich, eins in Deutschland; meine Schwiegereltern haben mir damals meinen Brief nicht übel genommen, den mit der Fahrkarte in die Hölle, ich war richtig beschämt, als sie mir damals geantwortet haben, daß sie mir meinen Brief nicht übel nehmen, sie könnten meine Verbitterung verstehen, aber was war, das sollte nun endlich vergessen sein; und jetzt fährt mein Vater jeden Monat ein bis zwei Mal nach Merzig und meine Schwiegereltern fahren alle vierzehn Tage nach Beuzohville, zu meinem Vater, die drei verstehen sich ausgezeichnet, ich nehme es zur Kenntnis, aber sonst habe ich nichts damit zu tun; jeder bei uns weiß, ich bin eine gute Partie geworden; ich bin eine Gastarbeiterin und doch keine; in Saarlouis bin ich eine Französin, in Beuzohville eine Deutsche; in Deutschland habe ich eine sichere Arbeit und ich verdiene gut, in Frankreich würde ich für die gleiche Arbeit höchstens etwas mehr als die Hälfte verdienen, die Deutschen bezahlen die Leistung, die man bringen muß, gerechter.

Dominique unternimmt jedes Jahr eine große Reise, sogar

bis nach Tokio und Südafrika. Sie fährt allein und sie macht Bekanntschaften, aber sie geht keine längere Verbindung ein. Sie möchte nicht in Deutschland wohnen. Am Deutschen verachtet sie seine Radikalität und das Fehlen nationaler Gefühle, die Deutschen sind ihr zu prinzipiell, aber sie schätzt ihren Sinn für Ordnung und Sauberkeit und das, was sie für sozialen Fortschritt halten muß.

Beruflich hatte ich immer Erfolg, mit den Männern lief alles schief; ich weiß nicht, ob es allein meine Schuld war, ob ich wirklich bei anderen den Eindruck hinterlasse, mich könnte jeder haben, der mich möchte, ich wehre mich auch dagegen, ist man mit einem Mann verheiratet, daß er glaubt, man gehöre ihm wie sein Auto und sein Feuerzeug; sie wollen doch nur eins, mit einem schlafen, und wenn sie fertig sind, dann reicht es nicht mehr für eine Sekunde Zärtlichkeit, das ist es, was ihnen fehlt: Zärtlichkeit; ich will jetzt frei sein, mich nicht mehr binden, finanziell geht es mir gut, und alles begann beim Zahnarzt in Thionville; meine erste Ehe war ein Irrtum, meine zweite erstickte im Sumpf von Spießbürgern, aber beim Zahnarzt habe ich viel gelernt, in jeder Beziehung, da habe ich den Egoismus kennengelernt, den sexuellen und den geschäftlichen, aber heute kann ich sagen, es hat alles seinen Sinn gehabt; jetzt bin ich einundvierzig, ich stehe nicht mehr am Anfang, ich habe Vergangenheit, aber ich stehe mitten drin; und das ist schön; ich lese viel, ich habe eine Lebensstellung, und hier in Beuzohville werde ich von allen beneidet, sie sagen: die hats gut; meine Schwiegereltern machen mir Geschenke, ich glaube, das geht nicht gut, wer etwas verschenkt, der erwartet eine Gegenleistung, ich bin da aus Erfahrung mißtrauisch; mein Vater ist im August 1974 gestorben, plötzlich, an Herzversagen, achttausend Franc hat er mir hinterlassen, ich wollte es einfach nicht glauben, als ich die Summe hörte; zwei Tage nach der Beerdigung ging ich zum Nachbarn und kaufte einige Kaninchen, die leeren Ställe waren ja noch vorhanden; ich habe immer gegen Kaninchen gewettet, aber jetzt, wo mein

Vater tot ist, weiß ich, daß sie mir doch gefehlt haben, ihr Fell hat mir gefehlt, es ist so schön, wenn man mit der Hand über ihr Fell streichen kann, wenn man ein Kaninchen im Schoß sitzen hat; ich will allein bleiben, aber jeden Tag zurück in ein leeres Haus, das ist auch nichts, man muß wissen, daß man erwartet wird; ein leeres Haus ist fürchterlich.

Ricardo Bartolini sieht so aus, wie sich deutsche Mädchen mit Illustriertenbildung einen italienischen Papagalli vorstellen. Schwarzhaarig, schlank, feurig, charmant und immer freundlich lächelnd. Und das weiß Ricardo auch. Er ist Hansdampf in allen Gassen, er organisiert, gestikuliert, redet, er wickelt die Leute ein, er lacht, seine Zähne sind wie ein breiter, weißer Strich im immerbraunen Gesicht, er ist immer in Bewegung, er hat immer zu tun, er ist immer fröhlich, auch wenn ihm der Schweiß von der Stirn tropft. Er lacht viel und herzhaft, er winkt auf der Straße Mädchen zu, die sich nach ihm umdrehen. Ich kenne ihn schon viele Jahre und weiß nicht, ob sein Lachen, seine ansteckende Fröhlichkeit echt ist oder nur etwas verdecken soll. Ich kann ihn mir ernst oder gar traurig überhaupt nicht vorstellen; nur, wenn er die Bilder seiner Frau und seiner beiden Kinder zeigt, die nach wie vor in Calabrien leben, dann sieht man seine weißen Zähne nicht, aber auch da lacht er noch irgendwie mit geschlossenem Mund und hat er die Bilder herumgereicht, dann nickt er mehrmals vor sich hin und hat wieder sein ansteckendes Lachen. Er zeigt die Fotos jedem und er redet so lange auf die Leute ein, bis sie die Bilder auch wirklich sehen wollen. Es gibt auf der Welt keine schöneren Kinder als die seinen. Dabei sind auf den Fotos nicht viel mehr als Farbkleckse zu erkennen, die Bilder sind schon zehn Jahre alt. Heute sind die beiden Jungen 13 und 14 Jahre alt, die Frau ist dreißig. Ricardo lebt seit zehn Jahren von seiner Familie, die aus Calabrien noch nie herauskam, getrennt. Er schickt seiner Frau Geld, er schreibt ihr jeden Monat einen Brief und den beiden Jungen ab und zu eine bunte Ansichtskarte. Sonst besteht keine Verbindung – nicht mehr.
Ich weiß, daß ich für immer hier in Deutschland bleiben

werde, wäre ich ledig oder geschieden, ich hätte längst eine deutsche Frau geheiratet, vielleicht ist das noch möglich, sich scheiden zu lassen, in Italien gibt es jetzt das Scheidungsgesetz, diese verdammten Katholiken haben endlich mal einen Faustschlag ins Gesicht bekommen, da wird schon was zu machen sein, ich bin jetzt fünfunddreißig Jahre alt, ich bin im besten Alter für einen Anfang, auch für einen Anfang mit einer anderen Frau, meine Familie braucht nicht Hunger zu leiden, ich schicke stets genug Geld, ich habe immer genug geschickt, ich habe von Jahr zu Jahr mehr geschickt, jeden Monat pünktlich, wer nie Geld gehabt hat, so wie wir zu Hause in Calabrien, für den ist Geld die Hauptsache, meine Familie ist jetzt, seit ich in Deutschland verdiene und Geld schicke, im Dorf mit die wohlhabendste, ich bin auch der einzige aus meinem Dorf, der nach Deutschland gegangen ist, wohlhabend meine ich, nach dem Priester und dem Bürgermeister, der Felder hat und auch Vieh, nicht viel, aber er kann leben, den Namen meines Dorfes wird keiner kennen, wer kennt schon Dörfer in Calabrien, nicht einmal die Italiener, es hat zwanzig Häuser, es liegt vierhundert Kilometer südlich von Neapel, bei uns im Mezzogiorno ist ein Dorf wie das andere, sie gleichen sich alle auf eine schreckliche Art, sie sind arm, und als ich ein Junge war, habe ich alles gemacht, wenn es nur ein paar Lire gebracht hat, und hat es gar nichts gebracht, dann haben wir einfach gestohlen, wer will schon verhungern, ich war auch mal als Junge ein paar Jahre bei einer richtigen Bande, was haben wir da nicht alles angestellt, haben statt Benzin Wasser verkauft, statt Speiseeis Gips, wir haben das Obst von den Bäumen und aus den Lagerhallen gestohlen und in der nächsten Stadt einfach weiterverkauft, das ist schon bald dreißig Jahre her, ich war damals der Benjamin in der Bande, ich kam, weil ich so klein war, überall durch, durch das schmalste Loch, ich weiß nicht mehr, was wir alles getrieben haben, es hat jedenfalls gereicht, mir tun die leid, die sie erwischt haben, mich haben sie nie gekriegt, ich konnte schon immer gut laufen, aber heute könnte ich es nicht mehr, laufen und krumme Dinge drehen; krumme Sachen machen, wie sich das anhört, wenn man nichts zu fressen hat und beim Bauern stiehlt, der selber nichts hat; wenn ich zu meiner Mutter gesagt habe, ich habe Hunger, dann hat sie gesagt: Trink Wasser, oder sie hat gesagt, hol dir was von denen, die was zu essen haben; das waren nur die Bauern, obwohl sie auch nichts hatten, nicht viel, aber doch mehr als wir; dann mit den Jahren kamen wir Jungen weit rum, bis nach Neapel, um uns etwas zum Essen zu besorgen oder um ein paar Lire zu verdienen, manchmal war ich eine ganze Woche nicht zu Hause, und wenn ich wieder zu Hause war, bekam ich manchmal Prügel, nicht, weil ich so lange von zu Hause fort gewesen war, nein, nur, weil ich für die anderen nichts zu essen mitgebracht hatte; mein Vater saß immer in der Trattoria, wie alle Männer in unserem Dorf, ich habe nie gesehen, daß er etwas nach Hause gebracht hätte; kein Geld und auch kein Brot, er saß schon morgens in der Trattoria, was sollte er auch sonst tun, es gab keine Arbeit, woher er damals das Geld nahm für Espresso und Chianti, das weiß ich bis heute nicht; jetzt, ich meine, seit Jahren leben meine Eltern vom Geld, das ich meiner Frau jeden Monat schicke, keine Reichtümer, aber wenn sie am fünfzehnten nichts mehr haben, dann wissen sie, am dreißigsten kommt wieder etwas, das gibt ihnen Sicherheit, macht ihnen das Leben dort unten erträglicher; ich wußte nie, ob ich am nächsten Tag etwas haben werde, ob wir satt ins Bett gingen oder hungrig; hungrig ins Bett gehen ist schrecklich, man schläft nicht ein, weil man immer ans Essen denkt; ich habe mich damals in der Bande immer im Recht gefühlt, warum auch nicht, die Gesetze sind falsch oder das Eigentum ist nicht richtig verteilt; warum haben die einen zu essen, die anderen nicht, warum werden die einen satt, warum hungern die anderen; und dann ist es doch so, daß die, die zu essen haben, die ins Gefängnis stecken, die nichts zu essen haben; wer das Logik oder Gesetz nennt, ich weiß nicht . . . ich bin nicht etwa weggelaufen, wenn sie hinter uns her waren damals, weil ich mich im Unrecht fühlte, sondern weil ich keine Lust hatte in so einer verwanzten Zelle zu sitzen, die Reichen sitzen da nicht drin, nur die Armen, zumindest in Italien; mir hat einer erzählt, den hatten sie für ein halbes Jahr eingebuchtet, daß es dort in der Zelle nicht gar so schlimm war, ums Essen brauchte man sich keine Gedanken zu machen, das kommt jeden Tag pünktlich; es ist zum Verzweifeln, wer arm ist, der kommt mit diesen verdammten Gesetzen in Konflikt, man muß einfach stehlen, wenn man nicht verhungern will; hier in Deutschland bin ich nie in Versuchung gekommen, ich hatte immer meine Arbeit, immer Pipen in der Tasche, und war ich mal abgebrannt, dann konnte ich mir Vorschuß holen; warum also stehlen, man hat seine geregelte Arbeit, in Calabrien habe ich in der Erntezeit beim Bauern als Lohn nur das Essen bekommen; aber immer nur für das Essen schuften, man will ja auch mal eine neue Hose und ein Hemd und ein Fahrrad und ein Mädchen zum Eis einladen; sind wir Hunde oder Menschen; die Deutschen werfen ihren Hunden nicht einmal blanke Knochen hin, da muß noch Fleisch dran sein und frisch muß es sein und dann muß man die verdammten Köter noch bitten, damit sie fressen; was in Deutschland die Hunde zuviel haben, das haben die Menschen im Mezzogiorno zuwenig, so ungerecht geht es auf der Welt zu; und wenn man sich dagegen auflehnt, dann ist man Kommunist. So einfach ist das.

Ricardo arbeitete sechs Jahre bei VW in Wolfsburg, er ist seiner Frau und seinen Kindern längst entfremdet, und seine beiden Jungen sehen in ihm weniger den Vater als den reichen Onkel aus Deutschland. Als Zwanzigjähriger trat er in die KPI ein, belegte in der Partei auch Schulungskurse. Vor fünf Jahren ist er wieder aus der Partei ausgetreten und hat auch mit seiner Familie gebrochen, er will nichts mehr mit Politik zu tun haben. Kommunist sein als Arbeiter ist gut, nicht gut aber, wenn man ein kleiner Unternehmer geworden ist, das ist heute einer seiner Leitsätze. Ricardo ist heute selbständig, er hat sich mit einem Landsmann zusammengetan, der ebenso alt ist wie er und fünf Jahre in Hamm in einer Tiefbaufirma gearbeitet hat. In Hamm führen sie gemeinsam eine Schnellgaststätte. Pommes frites, gegrillte Hähnchen, Spaghetti Bolognese, fünf Stammgerichte insgesamt und natürlich Getränke, auch Espresso. Ihr Lokal floriert, keine Bretterbude, ein Stehlokal in einem Haus. Ihr Lokal ist sauber. Die Frau seines Kompagnons bedient und putzt. Sie ist hinter jedem Krümel her. Die Mehrheit seiner Kunden sind Ausländer, vor allem Italiener, dann Schüler der umliegenden Schulen. Viele Mädchen kommen zu Ricardo, weil jede meint, er flirte mit ihr allein. Ricardo hat für jeden weiblichen Gast ein persönliches Wort, eine Geste, einen Blick. Seit drei Jahren hat er eine feste Freundin, eine Deutsche. Heidi ist fünf Jahre jünger als er, geschieden, sie will, daß Ricardo sich ebenfalls scheiden läßt, sie glaubt, daß es möglich ist durch das neue Scheidungsgesetz in Italien; ihr selbst macht es zwar nichts aus, mit Ricardo ohne Trauschein zusammenzuleben, aber ihre Eltern und die liebe katholische Verwandtschaft zerreißen sich den Mund über ihr Verhältnis, und sie möchte auch – ihre erste Ehe war kinderlos – ein Kind haben, in ein paar Jahren, sagt sie, sei sie dafür zu alt, und für ein Kind ist es notwendig, daß Mann und Frau den gleichen Namen haben, sonst gibt es später Schwierigkeiten in der Schule. Ihre Verwandtschaft sagt, Ausländer sei schon schlimm, aber Ausländer und dazu noch wilde Ehe, das wäre unmöglich. Heidi ist Angestellte in einer Baufirma, am Samstag hilft sie in Ricardos Lokal mit aus, auch sonntags, wenn viel Betrieb ist, sie steht in der Küche, sie putzt, sie hat ein Jahr lang Italienisch gelernt, ihr bester Lehrer ist natürlich Ricardo. Ricardo spricht gut Deutsch, aber sie wollte nicht ausgeschlossen sein, wenn er sich mit seinen Landsleuten unterhielt. Wer nicht weiß, daß Heidi Deutsche ist, könnte annehmen, sie sei Italienerin. Schimpfen kann sie am besten auf italienisch. Vor drei

Jahren fuhr Ricardo zum letzten Mal nach Calabrien zu seiner Familie, mit Heidi. Seitdem war er nicht mehr da, ihren Urlaub verbringen sie jetzt in Spanien oder Portugal. Ricardo hat Italien abgeschrieben, er wird die deutsche Staatsbürgerschaft beantragen sobald er geschieden ist.

Ich hatte mir vorgestellt, meine Frau läßt sich überzeugen, daß ich nichts mehr von ihr wissen will, wenn ich Heidi einfach mal mitbringe, wenn sie die Frau aus Deutschland sieht, gegen die sie doch nicht anstinken kann, diese Schlampe mit ihren Fettpolstern und schwabbligem Bauch, hatte gedacht, sie muß einsehen, daß es mit uns zusammen nie mehr was geben wird und zehn Jahre sind schließlich auch eine lange Zeit, wenn sie die deutsche Frau sieht, daß unsere Ehe doch seit Jahren nur auf dem Papier steht; aber nach drei Tagen mußten Heidi und ich das Weite suchen, wir sind geflüchtet, meine Frau hat nach uns geworfen, was sie in die Hände bekommen hat, einen Topf heißes Wasser hat sie nach Heidi geschüttet, aber sie hat nicht getroffen, nur Spritzer hat Heidi an den Beinen abbekommen, sie hat trotzdem ganz schöne Schmerzen gehabt die nächsten Tage, die ganze Verwandtschaft hat meine Frau auf uns gehetzt, wir waren nirgendwo mehr sicher, Heidi hieß nur noch eine deutsche Hexe, meine Mutter hat vor ihr ausgespuckt und sie als Hure beschimpft, und mein Vater wollte mit ihr ins Bett gehen; es war eine unmögliche Situation geworden, und dann hat sogar der Priester am Sonntag von der Kanzel gegen Heidi gewettert; Heidi hat das alles zuerst als Spaß aufgefaßt, für sie war das aufregend, endlich wäre mal was los, aber dann hatte sie nur noch Angst; wir sind zu einem Freund ins Nachbardorf gefahren und haben den restlichen Urlaub bei ihm verbracht; was will denn meine Frau, die ist eine Schlampe geworden, vielleicht war sie immer eine Schlampe, ich hatte ja früher keine Vergleichsmöglichkeiten, nur die Frauen in den Illustrierten, aber das zählt nicht, diese Frauen existieren irgendwo, und ich weiß doch genau, daß sie mit anderen Männern schläft, das ganze Dorf weiß das, soll sie, soll ihren Spaß haben, sie braucht deswegen doch nicht ins Kloster, nur mich soll sie ziehen lassen; ihr ist es doch noch nie so gut gegangen wie in den letzten Jahren, so viel Geld schicke ich nach Hause; vielleicht sollte ich kein Geld mehr schicken, dann wird sie vernünftig; Geld hat Wirkung, Geld schafft klare Fronten, mit Geld kann man auch drohen; Heidi hat versucht, mit meiner Frau vernünftig zu reden, aber das Weib kann doch nur keifen; die Kinder sind mir fremd, sie könnten ebenso Kinder von fremden Leuten sein; das alles ist doch nur Bosheit von dem Weib, nach dem Motto, wenn ich dich nicht habe, soll dich auch kein anderer haben; leid hat mir nur meine Großmutter getan, die saß die ganzen Tage in ihrem schwarzen Kleid da und hat entweder genickt oder geweint; ich habe mich nur gewundert, daß aus so einem dürren Körper noch Wasser kommt; mein Vater saß die ganzen Tage in der Trattoria, wie gewöhnlich, und er wollte doch tatsächlich mit Heidi ins Bett gehen, ich habe ihm am zweiten Tag eine gescheuert, links und rechts, daß seine Nase geblutet hat, und hätte er noch Zähne gehabt, dann hätte er keine mehr gehabt, so habe ich zugelangt, da hat er das Weite gesucht, bis wir das Weite suchen mußten; jetzt lassen wir es eben so laufen wie es läuft; Heidi sagt, schicke der Frau kein Geld mehr, dann wird sie schon in die Scheidung einwilligen, dann bietet sie Deutsche Mark gegen Scheidung an, kein schlechter Tausch; vielleicht hat Heidi recht; aber da sind die Jungen, man darf Kinder nicht hungern lassen, das ist unmenschlich; ich hatte früher mit dem Gedanken gespielt, wieder nach Italien zurückzukehren und mit einem Freund aus dem Nachbardorf eine Garage aufzumachen, der Freund war mit mir damals auch nach Deutschland gegangen, schließlich haben wir bei VW ja etwas gelernt, wir haben den Plan wieder aufgegeben, für den Hungerlohn da unten, und die, die zu uns gekommen wären, haben doch selber kein Geld, und ein Geschäft braucht nun mal Geld, in einem Jahr wäre ich da meine Ersparnisse los gewesen; so wie es jetzt ist, so ist es schon richtig, ich hätte es nicht besser treffen können; auch meine Entscheidung war richtig, meinen Vertrag bei VW nicht zu verlängern, ich hatte so eine Ahnung, daß dieses Autobauen mal ein Ende haben mußte, es kann jeder Mensch doch nur ein Auto fahren, und dann, fast sechs Jahre am Band stehen, da geht ein Mensch kaputt, da geht man vor die Hunde, da weiß man zuletzt nicht mehr, ist man ein Männchen oder ein Weibchen, da verliert man mit der Zeit seinen eigenen Willen, da ist man zuletzt nur noch Werkzeug für die Maschinen; wenn man das einmal erkannt hat, dann soll man gehen, auch wenn man sich schlechter steht oder anfangs nicht weiß, wohin man soll; jetzt habe ich es den ganzen Tag mit Menschen zu tun und nicht mehr mit stummen und kalten Autoteilen, nicht mehr mit Autos, die im Grunde genommen doch wertlos sind, wenn es kein Öl gibt; ich sage mir, besser von allein kaputtgehen, als von anderen kaputtgemacht werden, ich arbeite jetzt für mich und nicht mehr für eine Aktie, die doch immer weniger wert wird.

Ricardo und sein Partner Enrico – das Geschäft ist auf beide eingetragen – zahlen monatlich 750 Mark Miete, ihr Lokal, liegt in der Innenstadt. Enrico bewohnt mit seiner Frau eine Zweieinhalbzimmerwohnung außerhalb von Hamm, Ricardo wohnt mit Heidi über dem Lokal im 3. Stockwerk, ein Appartement mit großem Balkon, Miete 350 Mark ohne Heizung, hinzu kommt die Garage: 35 Mark. Heidi verdient als Angestellte 1340 Mark brutto. Das Lokal geht gut, über den Umsatz schwiegen sich Ricardo und Enrico aus, ihr Schnellimbiß ist zwar keine Goldgrube, aber es floriert. Heidi allerdings meint, es müßte mehr Gewinn abwerfen, gemessen an der Arbeitszeit, die in das Geschäft eingebracht wird, eingebracht werden muß, nicht selten sechzehn Stunden am Tag.

Wenn man die Arbeit nach Ladenschluß dazuzählt, also Putzen, Einkaufen, Buchführung und dergleichen mehr, dann sind es nicht selten mehr als sechzehn Stunden, eine

Putzhilfe zu nehmen, das bringt zusätzliche Kosten, die man einsparen möchte, mein Vertrag mit dem Hauseigentümer wurde bis jetzt jedes Jahr stillschweigend verlängert, aber der Vertrag kann ein Vierteljahr vor Ablauf des Kalenderjahres zum Ersten des nächsten Jahres gekündigt werden, ich mache mir Gedanken was wird, wenn mein Vertrag einmal nicht mehr verlängert wird; davor habe ich Angst; das wäre schlimm für uns alle, jahrelang geschuftet wie ein Pferd, und dann kommt der Vermieter und kündigt den Vertrag auf, weil er plötzlich meint, er könne den Frittengeruch den anderen Mietern im Haus nicht mehr zumuten, das ist doch alles möglich, es gab schon Mieter, die haben sich wegen des Geruchs beschwert, aber der Vermieter hat ihnen gesagt, wenn es euch stört, dann müßt ihr euch eine andere Wohnung suchen, aber es kann auch einmal umgekehrt kommen, was ist, wenn der Hausbesitzer plötzlich beschließt, daß er plötzlich in seinem Haus einen Zigarettenladen oder eine Buchhandlung haben will, was weiß ich; es ist jedenfalls beschissen, jedes Jahr sehen wir ängstlich dem dreißigsten September entgegen, und wenn es Mitternacht ist, dann haben wir wieder ein Jahr gerettet, warum gibt er uns nie einen Vertrag auf zwei oder fünf Jahre; in Calabrien war ich auf mich allein gestellt, da mußte ich jeden Tag sehen, wo ich was herbekam zum Leben, ein paar Lire, es gab keine geregelte Arbeit und auch keine geregelte Arbeitszeit; heute hatte man was, morgen sieh zu, wie du überlebst; dann kam VW in Wolfsburg, sechs Jahre nach der Uhr leben, eine unerbittliche Uhr, wehe, man hatte sich verschlafen oder verspätet, nicht wegen der Betriebsleiter oder vielleicht dem Meister war es schlimm, nein, die eigenen Kollegen am Band, die waren sauer, zu Recht natürlich, man kann nur am Band arbeiten, wenn man sicher ist, daß der andere jeden Tag auch seine Zeit einhält, wir waren alles Italiener am Band, bis auf den Meister und die Bandkontrolleure, ich bekam jeden Monat meinen Lohn wie die Deutschen auch, es war eine gute Zeit zum Verdienen, ich habe die ganzen Jahre über in einem Wohnheim gewohnt, primitiv, laut, aber billig, ich habe mir von Anfang an gesagt, bei VW wirst du nicht alt, jeden Tag denselben Handgriff, das geht nicht, du mußt dir mit der Zeit etwas anderes suchen; in den sechs Jahren habe ich zehntausend Mark gespart und dabei meiner Familie noch regelmäßig Geld geschickt, ich habe mir gleich ein Sparbuch zugelegt, das Geld für fünf Jahre festgelegt, das brachte neun Prozent Zinsen, da kommt schon was zusammen mit den Jahren, ein schöner Betrag, mit dem bin ich dann bei Enrico eingestiegen; Enrico hatte erst eine billige Würstchenbude in Hamm, dann kam ich mit meinem Geld, das Lokal, in dem wir sind, stand damals zur Miete frei, und wir konnten uns dann mit meinem Geld und etwas Schulden das kaufen, was für so einen Betrieb notwendig ist: Bratofen, Grillofen, Stühle, Tische, Töpfe, Geschirr, Bestecke, Gläser, und was es so an Kleinigkeiten gibt, an die man vorher gar nicht denkt, über Nacht war unser Geld weg, so schnell geht das; nicht auszudenken, was passiert, wenn wir einmal gekündigt werden, für die Einrichtung, wenn wir sie verkaufen müßten, bekommen wir dann nur ein Butterbrot, so ist das, wir haben eine Menge hier reingesteckt, es sollte ja alles mit der Zeit schöner und gemütlicher werden, damit sich die Gäste auch wohl fühlen; natürlich, wir haben mittlerweile einiges Geld erwirtschaftet, haben etwas auf die hohe Kante gelegt, aber der Verdienst muß ja geteilt werden zwischen Enrico und mir, Enricos Frau wird nach Stunden bezahlt, das ist besser wegen der Steuer und dem verdammten Finanzamt, das ist dann immer noch besser, als wenn wir uns fremdes Personal halten müßten, weil doch die beiden Frauen, Enricos Frau und Heidi, das Lokal als ihr eigenes ansehen und dementsprechend auch arbeiten, so ein Betrieb wie unserer ist doch heutzutage nur zu halten, wenn er von einer Familie betrieben wird, ohne fremde Kräfte.

Heidi hatte anfangs in ihrem Büro Sticheleien und kleine Seitenhiebe durch Kollegen und Vorgesetzte einstecken müssen, weil sie am Wochenende in der »Italienerkneipe« mitarbeitet. Natürlich blieb das nicht verborgen, ihr Chef gab ihr zu verstehen, daß es besser sei, wenn sie kündige, da ihre Doppelbeschäftigung nicht mit der geforderten Arbeitsmoral im Betrieb zu vereinbaren wäre. Aber Heidi ließ es darauf ankommen, sie hatte gesagt, sie werde nicht kündigen, denn in ihrer freien Zeit könne sie machen, was sie wolle, auch arbeiten. Sie hatte gesagt, Sie müssen mir schon kündigen und ich möchte den Kündigungsgrund erfahren, es gebe ja schließlich noch Arbeitsgerichte, die dann solche Gründe auf ihre Rechtmäßigkeit untersuchen. Aber wie das oft so ist, wenn sich jemand nicht einschüchtern läßt: einige Zeit später schlief das Gerede ein, Heidi machte ihre Arbeit wie immer korrekt und fleißig, später kamen dann auch manchmal Kollegen aus ihrem Betrieb zu Ricardo und aßen Spaghetti oder tranken einen Espresso, und nun wird Heidi von den Frauen aus ihrer Firma beneidet, sie sagen zu ihr: Wenn Ricardo im Bett so gut ist, wie er aussieht, dann habe sie den Vogel abgeschossen. Heidi erwiderte: Ich habe den Vogel abgeschossen.

Ich bin eigentlich mit den Deutschen immer gut ausgekommen, habe selten Schwierigkeiten gehabt, nur einmal gab es Ärger, ich hatte in Wolfsburg ein Verhältnis mit der Frau eines Ingenieurs aus unserer Abteilung, das hat er natürlich erfahren, er wollte mich erst verprügeln, aber dann wagte er es doch nicht, weil er damit rechnen mußte, daß er dann gleich hundert Italiener gegen sich hatte, er versuchte alles, um mich aus dem Betrieb zu ekeln, aber er konnte ja schlecht sagen, warum er mich los sein wollte, ich war schließlich ein guter und zuverlässiger Arbeiter, er konnte doch nicht zugeben, daß ihm Hörner aufgesetzt wurden, noch dazu von einem Itaker, die anderen hätten doch nur gelacht, er schwärzte mich überall an, aber er konnte nichts ausrichten. Mir aber war es eine Lehre, ich habe mir gesagt, fange nie mehr etwas mit einer Frau an, deren Mann in der gleichen Fabrik arbeitet, das gibt Komplikationen. Damals bin ich viel herumgekommen, ich habe neben meiner Schicht noch so allerlei Arbeiten gemacht, ich habe Brot und Backwaren ausgefahren, da habe ich viele Frauen kennengelernt, ich habe eine Zeitlang Lastwagen gefahren, an Wochenenden bin ich manchmal Taxi für einen deutschen Kollegen gefahren, was soll man schon in einem Wohnheim, vier Männer auf einem Zimmer, da kennt man sich nach vier Wochen in- und auswendig, und es geht doch immer nur um Arbeit und Weiber, die reden nur von der Arbeit und von Eroberungen, die sie gemacht haben und daß die deutschen Mädchen dankbare Wesen sind im Bett oder hinterm Baum oder auf dem Autositz, das macht man eine Zeitlang mit, dann hängt einem das zum Hals raus; in Braunschweig habe ich dann durch Zufall, besser gesagt durch Brotausfahren, eine Gaststätte gefunden, in der ich an Wochenenden und Feiertagen, manchmal auch an Wochentagen abends, wenn ich Morgenschicht hatte, gekellnert habe, da habe ich praktisch alles gelernt, was ich heute wissen und können muß in meinem eigenen Betrieb; das war eine gute Zeit damals, ich bin mit meinem VW von Wolfsburg nach Braunschweig gefahren, ich habe gut nebenbei verdient, hatte mein Essen und konnte oft noch was mit nach Hause nehmen, ich brauchte mir manchmal die ganze Woche nichts zum Essen kaufen, außer Brot, Milch und Butter, da kann man schon sparen, und ich habe es auch nicht so gemacht wie meine Landsleute, daß ich immer wie aus dem Ei gepellt herumgelaufen bin, ich sagte mir, wenn einer so gut aussieht wie du, der braucht nur eine schicke Hose, ein modisches Hemd und gute Schuhe, mehr nicht. Natürlich immer gut frisiert sein und sauber gewaschen, das ist das ganze Geheimnis; Deutschland ist ein ordentliches Land, hier geht es gerecht zu, auch für die alten und die armen Leute, und die Armen hier sind immer noch besser gestellt wie die Reichen in Calabrien; ich verstehe nicht, was die deutschen Kollegen immer schimpfen, nichts paßt ihnen, zuerst wollten sie den Willy Brandt, dann wieder nicht, weil er angeblich alles teurer macht, die widersprechen sich in einem Satz, nein, das muß man mal sagen, die deutschen Arbeiter sind nicht politisch, das sieht nur so aus; die Deutschen haben Gesetze, mit deutschen Arbeitern kann man nicht so umspringen wie mit Arbeitern bei uns, bei uns ist doch alles korrupt, da muß man erst mal schmieren, bevor man was bekommt; in Deutschland hat ein Arbeiter auch Rechte, und wenn die deutschen Arbeiter meckern, dann sollen sie mal ins Ausland gehen, am besten bei uns im Mezzogiorno arbeiten, dann werden sie schon erfahren, was mit ihnen passiert, was heißt Preissteigerungen, die sollen mal nach Italien gehen, da vergeht ihnen Hören und Sehen, und was hat man hier nicht alles für Schutz, Krankenkasse und Rentenversicherung, ich habe das früher gar nicht begriffen, und auch nicht recht, als es mir ein Kollege in meiner Sprache erklärt hat, für den deutschen Arbeiter ist seit Jahren selbstverständlich, was für einen Italiener nur Traum ist, ich habe mal in Italien erzählt, daß man auch versichert ist und daß es als Arbeitsunfall gilt, wenn man auf dem Weg zur Arbeit ist oder von der Arbeit nach Hause kommt, da haben mich meine Leute ausgelacht, die dachten, ich erzähle Märchen; die deutschen Urlauber sehen in Italien doch nur Rom und Florenz und die Badestrände, die kommen doch gar nicht ins Land, nicht von den großen Straßen runter, da können sie unsere Dörfer nicht sehen und auch nicht unsere Armut, Dörfer, wo es kein Wasser gibt und keine Toiletten und manchmal auch keinen elektrischen Strom, die sehen nicht, wie meine Leute leben müssen, schuften für ein Stück Brot, die sehen sich Rom an und die alten Bauten in Rom, liegen in der Sonne im Sand, und dann kommen sie nach Deutschland zurück und sagen, Italien ist schmutzig, auch wenn es nur sauber aussieht, es ist trotzdem schmutzig. Natürlich, Armut stinkt, Armut hat immer gestunken in den Nasen der feinen Leute oder derer, die sich dafür halten; ich habe in den ganzen Jahren eines begriffen, daß der Massentourismus die Menschen nicht näher bringt, nein, im Grunde genommen werden die Vorurteile bestätigt, die man zu Hause schon hatte; das ist ein Trauerspiel, und ich frage mich dauernd, wie soll man das ändern.

Ich besuchte Ricardos Dorf. Etwa fünfzig Kilometer abseits der Straße von Cosenta nach Cretone, in den Bergen bei der Kleinstadt Pallagorio. Etwa zwanzig Häuser, eine Trattoria; zwei mächtige Pinien geben Schatten; in der Trattoria sitzen alte Männer und erzählen sich Geschichten, als Italien noch einen König hatte und einen Duce, daß in den Bergen deutsches Militär war und später Amerikaner durchzogen, und Ricardos Vater, den ich kennenlernte, erzählte mir, daß die Soldaten, woher sie auch kommen, ein Land nicht reicher, sondern nur ärmer machen. Unter den Pinien sitzen alte Frauen und stricken oder nähen und beaufsichtigen die Enkelkinder, sie erzählen von ihren Söhnen, die im kalten aber reichen Deutschland arbeiten und einmal im Jahr für ein paar Wochen mit teuren Autos kommen und wunderschöne Sachen mitbringen, wie man sie sonst nur in Illustrierten sieht, die mit Geld um sich werfen, als wollten sie die ganze Welt kaufen. Und die alten Frauen sagen, daß die heißen Monate Juli und August früher die toten Monate waren und daß sie jetzt die Monate der ewigen Feste sind, weil die Söhne da sind und das ganze Dorf einladen zu Wein und Fleisch. Ich war zwei Tage da, ich schlief auf einem Klappbett in der Trattoria, die Leute waren freundlich zu mir, ein Mann, den ich für mindestens sechzig Jahre alt hielt, der aber erst vierzig war und sieben Jahre in München gearbeitet hatte, war mein Dolmetscher. Die Landschaft ist trostlos und doch irgendwie großartig, das Dorf ist trostlos, es hat nicht einmal eine Kirche, Kirche und Priester sind im vier Kilometer entfernten Dorf. Auch dieses Dorf ist trostlos und die Trostlosigkeit ist die Hoffnungslosigkeit, die aus den Gesichtern der Menschen spricht. Warum, fragt man sich, muß das so sein. Man versteht Gastarbeiter in Deutschland besser, wenn man dort gewesen ist, wo sie geboren und aufgewachsen sind. Heimat war für Ricardo: zwanzig Häuser, eine Trattoria, zwei mächtige Pinien, kahle Berge und arme Bauern in den Bergen.

Es kommt dir alles nur so entsetzlich und hoffnungslos vor, weil du etwas anderes von klein auf gewohnt bist. Wenn du da aufwächst, dann kennst du es nicht anders. Du denkst, das muß so sein, der Priester sagt dir jeden Tag, daß Gott es so gewollt hat, Armut ist keine Schande, der Priester sagt, auch Christus ist barfuß gegangen und hat von den Almosen anderer gelebt, und ich habe ihm einmal geantwortet, der sei ganz schön dumm gewesen, schließlich konnte er Wunder tun, die Netze füllen und aus Wasser Wein machen, wenn ich das könnte, müßte ich nicht in Deutschland arbeiten, das habe ich dem Priester gesagt, als ich so fünfzehn Jahre alt war, da hat mich damals der Priester verprügelt, dann hat mich meine Mutter geschlagen, weil das doch Gotteslästerung war, und meine Großmutter hat mich umarmt und geweint und gesagt, sie habe schon immer darauf gewartet, daß jemand kommt, der dem Priester die Wahrheit sagt. Da sind die Berge und die Bauern, dann kommt man als Junge auf einem Lastwagen mal nach Bari, nach Tarent, nach Neapel, dann bist du in so einer großen Stadt und stehst vor einem vornehmen Lokal und siehst, wie die Leute da essen, da läuft dir das Wasser im Mund zusammen und du gehst zu dem Mann oder zu der feinen Frau an den Tisch, damit sie dir was zu essen geben, dann sagen sie: Hau ab, du dreckiger Kerl; und wenn du nicht gehst, dann rufen sie den Besitzer und der Besitzer ruft die Polizei; dann läufst du weg, du schleichst dich in den Hinterhof zu den Mülltonnen, und die Mülltonnen waren für uns, was für reiche Leute die Delikatessengeschäfte sind, ganze Melonen fanden wir da, Pfirsiche und manchmal lauwarme Spaghettis; so war das Leben; und dann landet man plötzlich bei VW in Wolfsburg und da ist es in einer Werkshalle sauberer als in der guten Stube bei den Leuten in meinem Dorf; an so etwas muß man sich erst gewöhnen, an die Sauberkeit, an die Pünktlichkeit, daß jeder Handgriff bei der Arbeit sitzen muß, und man muß begreifen lernen, daß jeder Handgriff einen Sinn hat, das ist nicht so einfach, das ist nicht so einfach, wenn man aus Calabrien kommt, aber manchmal fragte man sich auch nach dem Sinn einer Anordnung im Betrieb; die Sonne hat ihren Sinn, der Regen, und die armen Leute haben ihren Sinn für die Reichen; aber viele Anordnungen bei VW hatten keinen Sinn, es wäre auch ohne sie gegangen; ich glaube, in so einem großen Werk sind viele Leute, die müssen beschäftigt werden und die sitzen dann an ihren Schreibtischen und denken sich jeden Tag neue Anordnungen oder Verfügungen aus, weil sie den Nachweis erbringen müssen, daß sie notwendig sind; ich weiß, wir Italiener gehören zu den privilegierten Gastarbeitern; erst kommen die Italiener, dann die Spanier, dann die Griechen, dann die Jugoslawen, dann kommt lange nichts, dann erst die Türken; ich muß sagen, mir sind die Türken auch nicht geheuer, sie machen so finstere Gesichter, sie können nicht lachen, Menschen, die nicht lachen können, mit denen stimmt etwas nicht; hier in Deutschland muß alles seine Ordnung haben, ich habe mich an diese Ordnung gewöhnt, sie gibt mir Sicherheit; man soll nicht bösartig sein, wie viele es sind, und sagen, Deutschland habe seine Erfahrung mit Gastarbeitern ja schon unter Hitler gemacht im Krieg, damals hießen sie Fremdarbeiter, und die Mädchen haben die damals einen Kopf kürzer gemacht, wenn sie sich mit so einem eingelassen haben; das ist vorbei, man soll nicht alte Sachen aufrühren, wie es meine Landsleute manchmal tun, wenn sie unzufrieden sind, vor allem die, denen gar nichts passiert ist, die das wieder nur von ihren Vätern gehört haben und die hier in Deutschland ganz gut leben; ich will kein Deutscher sein, ich bin Italiener, aber das muß der Deutsche begreifen, daß ich Italiener bin wie er Deutscher ist, daß das kein Vor- und Nachteil ist, nur eine Tatsache; ich habe ein Recht, Italiener zu sein wie der Deutsche ein Recht hat, Deutscher zu sein, was würde der Deutsche sagen, wenn ich ihn immer Sauerkrautfresser nennen würde, was doch gar nicht stimmt.

In seiner ersten Zeit in Wolfsburg geriet Ricardo mehrmals in Schlägereien, weil deutsche Arbeitskollegen zu ihnen Itaker oder Spaghettifresser sagten; einmal schlug er sich in der Fabrik am Arbeitsplatz und ihm wurde angedroht, daß er im Wiederholungsfall fristlos gekündigt wird, weil er gegen den Betriebsfrieden verstoßen habe. Später gründete Ricardo mit fünf anderen Italienern eine »Rächerbande«, sie lauerten jedem Deutschen auf, der sie im Betrieb, ihrer Meinung nach, beleidigt hatte. Sie schlugen ihn zusammen und schrien ihm dabei alle die Worte ins Gesicht, die er im Laufe der Zeit den Italienern zugerufen hatte. Wenn der Betreffende Anzeige erstattete, verlief das immer im Sande, weil man den sechs Italienern nichts nachweisen konnte; sie verschafften sich gegenseitig Alibis. Mit der Zeit gewöhnten sich die deutschen Arbeiter daran, daß auch Italiener Vornamen haben.

Ich habe noch keine Sekunde bereut, daß ich nach Deutschland gegangen bin, hier wurde ich erst ein Mensch und bin mir klar geworden, daß ich auch was wert bin; ich bin damals in Italien in die KP eingetreten, weil ich dachte, die Partei wird die Revolution ausrufen und den Armen wird es besser gehen, aber nein, die warten auf die parlamentarische Mehrheit, die haben auch die Armen nicht reicher gemacht, nur die Reichen reicher und die Armen ärmer; hier in Deutschland macht man zwar keine Revolution, aber da werden wenigstens Gesetze geschaffen für die Arbeiter, damit sie Recht und Arbeit und Sicherheit bekommen; in Italien weiß jeder, daß es nicht so weitergehen kann, alles ist faul, alles ist korrupt, aber keiner sagt etwas, keiner sagt, wie es weitergehen soll und muß, die Politiker haben nicht etwa Angst vor ihrer eigenen Courage, die haben noch nie Courage gehabt, sie denken an ihre Partei, nicht an das Volk; ich bleibe in Deutschland, noch dazu jetzt, wo ich Heidi habe, die deutschen Frauen sind ganz anders als die italienischen, die halten was auf sich, nicht nur bis zur Heirat, auch danach, bei uns, wenn sie verheiratet sind, gehen sie auseinander wie Hefeteig, sie handeln nach dem Motto, ein Mann ist doch kein Hund, er darf sich nicht auf Knochen legen; sie werden auch dick, weil sie keine Zeit haben um sich zu pflegen, weil sie nicht das richtige Essen haben, das haben nur die Reichen; die deutschen Frauen können arbeiten wie die Männer, gut und schnell, und wenn es darauf ankommt, dann wissen sie auch zu leben; ich mag die Deutschen, vor allem die Frauen; ich habe mir hier etwas aufgebaut, das hätte ich in Italien nie gekonnt, auch nicht, wenn ich zwanzig Leben hätte; ich habe es in Deutschland zu etwas gebracht, ich bin stolz darauf, auf Leistungen darf man stolz sein; was soll ich in Calabrien, da ist Sonne und Hunger und ein ausgetrocknetes Land und keine Hoffnung, daß es einmal besser wird; aber sie hoffen dort noch immer, sie hoffen schon seit dreitausend Jahren, aber das ist mir zu lange; Enrico wird wahrscheinlich eines Tages zurückgehen, seine Frau hat Heimweh, dann kaufe ich ihm seinen Anteil ab, jetzt bin ich schon soweit, daß mir deutsche Banken Kredit geben, dann schmeiße ich mit Heidi den Laden allein, vielleicht stelle ich dann noch eine junge Italienerin ein, die gut aussieht, mit der ich mich sehen lassen kann und wenn sie sauber und tüchtig ist, dann kann sie genausoviel verdienen wie eine Deutsche; hier in Deutschland kann man planen und weiß, daß das zu was führt, in Calabrien kann man nur hoffen; und in Norditalien Arbeit suchen, das hat keinen Zweck, in Norditalien werden wir aus dem Mezzogiorno noch schlechter behandelt als hier in Deutschland, für die sind wir tatsächlich Sklaven oder Sittenstrolche, vor denen man seine Töchter verstecken muß, im Norden sind wir aus dem Süden der letzte Dreck.

Manchmal fahre ich zu Ricardo und esse Spaghetti und trinke ein Glas Wein, den er aus dem Süden einführt, ein herber Rotwein. Dann setzt er sich zu mir, er wird vertraulich, erzählt mir von seinen Plänen und auch von seinen Wünschen, er bedrängt mich, ich müsse nach Calabrien fahren und mit seiner Frau sprechen, damit sie in die Scheidung willigt, ich solle fünftausend Mark mitnehmen und ihr das Geld als Abfindung anbieten, er meint, es wäre besser, wenn ich das tue. Das ist zur Zeit sein Problem, er bedrängt mich, weil er von seiner Heidi bedrängt wird, die wiederum von ihrer Verwandtschaft bedrängt wird: wenn schon einen Italiener, der Mädchen schöne Augen macht und der immer nach Öl und Fett riecht, dann wenigstens mit Papieren vom Standesamt, sie sagen, wenn nicht, dann soll er mit Heidi in eine andere Stadt ziehen, wo sie keiner kennt.

Man kann nicht dauernd von vorn anfangen; bin ich ein Zigeuner; ich bin seßhaft geworden, ich arbeite für zwei, das sollten die auch mal anerkennen; ich kenne die Leute hier und die Leute hier mögen mich, sie haben Vertrauen zu mir, Vertrauen kommt nicht von heute auf morgen, das muß man sich langsam erwerben; und Vertrauen ist das halbe Geschäft; bei mir verkehren Italiener und Türken, Jugoslawen, Griechen und Spanier, hier herrscht eine babylonische Sprachverwirrung, und plötzlich kommen auch Deutsche; wir verstehen uns; warum woanders hin, nur wegen der blöden Verwandtschaft ... sollen die doch nach Calabrien auswandern, das wäre auch eine Lösung.

Wenn es stimmen sollte, daß Gastarbeiter sich schon nach ihrem Aussehen einordnen lassen und ihr Äußeres allein schon auf ihre Nationalität schließen läßt, dann trifft das jedenfalls auf Manuel Mendizabal nicht zu. Er ist Spanier, Haare blond, Augen blau. Er ist zierlich und ganze 158 Zentimeter groß, lebhaft, seine Hände sind beim Sprechen ständig in Bewegung, sie schreiben Figuren in die Luft, die nicht selten mehr von dem ablenken, was er sagt, als daß sie es unterstreichen, er gehört zu den Menschen, die einen zwingen, ihren Händen mehr Aufmerksamkeit als ihren Worten entgegenzubringen. Er hat schmale Hände, sie könnten einer gepflegten Frau gehören, lange Finger. Für seine zarte Figur hat er unverhältnismäßig große Füße, Schuhnummer 41. Er leidet unter seinen zu groß geratenen Füßen, er leidet auch physisch, denn er trägt nur Schuhe, die mindestens eine Nummer zu klein sind. Er krümmt seine Zehen, damit seine Füße in die zu kleinen Schuhe hineinpassen. Das wiederum bedingt einen unnatürlichen Gang. Als ich ihm zum ersten Mal begegnete, da begriff ich, was das Wort stolzieren sagt. In meiner fränkischen Heimat heißt es: er stolziert durch die Gegend wie ein Gockel über den Mist. Manuel trägt auf Taille gearbeitete Hemden und Anzüge, trägt unifarbene Hemden und breite, großgemusterte Krawatten. Nichts an seiner Kleidung kann farbenfroh genug sein. Er ist ein Dandy vom Scheitel bis zur Sohle. Und doch wirkt das sonderbarerweise nicht aufdringlich, ist irgendwie passend, jedenfalls nicht störend. Sein Aussehen und sein Benehmen könnten zu der Annahme verleiten, er arbeite als Fotograf oder Dressman in der Modebranche. Nein, er ist Bauarbeiter im Straßen- und Kanalbau. Manuel Mendizabal kommt aus Nordspanien, aus der Provinz Asturia, aus der Sierra de la Carba, nicht weit von dem

Städtchen Fereira, es liegt im Dreieck La Corunia-Lugo-Bidadeo; sein Dorf, dreihundert Einwohner, liegt an einem Berghang, ungefähr 20 Kilometer von der Küste, vom Golf von Biskaya, entfernt, es hat eine Kirche, einen Priester, keinen Polizeiposten, eine zweitklassige Schule mit einem jungen und einem alten Lehrer, die Hauptstraße ist nicht asphaltiert, aber doch befestigt, es staubt, wenn man durch das Dorf fährt. Die Mendizabals haben guten Wein. Manuel hat noch sechs Geschwister, zwei Schwestern, vier Brüder; zwei seiner Brüder sind an der Küste beim Fischfang, die beiden Schwestern arbeiten als Tagelöhnerinnen in der Landwirtschaft, ein Bruder arbeitet in Lugo, er arbeitet dann, wenn man ihn ruft: jeden Tag eine andere Arbeit. Sein vierter Bruder ist Hilfsarbeiter bei der Spanischen Eisenbahn. Seit sechs Jahren wohnt Manuel Mendizabal in Duisburg-Ruhrort. Er kam, als er fünfundzwanzig Jahre alt war, in die Bundesrepublik, er ist heute einunddreißig Jahre alt, er ist das älteste von sieben Kindern, seine Geschwister sind zwischen 15 und 25 und bis heute unverheiratet. Ich schlief im Bett des Bruders, der bei der Eisenbahn arbeitet, auf einer Strohmatratze. Der Priester sprach englisch, er übersetzte. Manuel war ein Zauberwort, das Thema der Tage. Der Sohn, der in Deutschland lebt, der mißratene aber tüchtige Sohn, der gut verdient, der schöne Briefe schreibt, der immer zufrieden ist, der, wer auch immer in der Familie Geburtstag hat, ein Päckchen nach Spanien schickt mit schönen Sachen und der jedes Jahr für drei, vier Wochen in sein Dorf zu Besuch kommt mit viel Geld in den Taschen und Geschenke für alle, der wieder abreist, Tränen in den Augen hat beim Abschied und doch entschieden sagt, daß er nicht mehr nach Spanien zurückkehren wird und nach zwölf Monaten wieder da ist und wieder beim Abschied das gleiche sagt, und das seit sechs Jahren. El enano hieß Manuel im Dorf, heißt er heute noch: Der Zwerg. Sie sagen: el enano ist ein guter Sohn geworden. Einige aber sagen: Der Sohn ist ein guter Zwerg.

Was mich hier in Deutschland am meisten stört, das sind die Türken; die verschmutzen die Landschaft; wo man geht, nur Türken, und immer treten sie in Rudeln auf; ich kann sie einfach nicht leiden, sie können nicht lachen, sie können sich nicht anziehen, jeder Mensch hat doch irgendwie eine Ausstrahlung, oder etwas Anziehendes an sich, die aber haben nichts, nur mißmutige Gesichter; aber sonst, ja sonst ist es in Deutschland schön, auch wenn ich eine dreckige Arbeit habe, es gefällt mir trotzdem hier, wenn mich niemand rausschmeißt, dann werde ich bleiben; was soll ich in Spanien, ich müßte ja verrückt sein, da wird es sowieso bald drunter und drüber gehen, wenn der alte Franco einmal stirbt, dann rangeln die alle um die Macht und ich kann mir vorstellen, daß dann in Spanien wieder ein neuer Bürgerkrieg ausbricht; was soll ich in meinem Dorf, ich habe genug gehungert, ich habe genug Prügel einstecken müssen, ich bin jeden Tag gedemütigt worden, die Leute in unserem Dorf lassen ihre Unzufriedenheit und ihre Armut an den Kindern aus, an den Schwachen, die sich nicht wehren können, und lange Zeit dachte ich auch, das müßte so sein, das sei von Gott so gewollt, aber als nicht mehr zu verbergen war, daß mich Jungen mehr interessierten als Mädchen, da wurde es ganz schlimm, ich war damals fünfzehn Jahre alt, mein Vater hat mich mit einem anderen Jungen erwischt, er hat mich fast totgeschlagen – diese Schande, rief er immer wieder, diese Schande. Meine Brüder und meine Schwestern durften tagelang nicht mit mir sprechen, ich durfte nicht am Tisch essen, ich mußte mit meinem Teller in einer Ecke sitzen auf dem Fußboden, nach dem Essen wurde so etwas wie eine Messe zelebriert für den sündigen und mißratenen Sohn, mein Vater hat dann zwei spitze Holzscheite vor mich hingelegt, da mußte ich mich drauf knien und zehn Vaterunser beten und zehn Ave Maria, die ganze Familie stand um mich herum, nach den Gebeten mußte ich immer schwören beim Blute Christi, daß ich keinen Jungen mehr anfasse und mich von keinem mehr anfassen lasse und zum Schluß mußten meine Geschwister an mir vorübergehen und sagen: der Teufel ist in ihn gefahren, Heiland hilf, auf das wir wieder fröhlich sein können; so war das; bei Prozessionen mußte ich das schwere Kreuz tragen, dabei war ich der Schwächste im ganzen Dorf, ich mußte mich verhüllen mit einem Sack, ich war doch so schwach, ich bin immer wieder zusammengebrochen auf dem fünf Kilometer langen Weg zur Kreuzwegstation, und wenn mir jemand helfen wollte, ist ihm mein Vater in den Weg getreten und hat ihn daran gehindert, er hat mich hochgerissen; natürlich wußte doch jeder, daß ich unter dem braunen Sacktuch war, schon wegen meiner Größe mußten es die Leute wissen, alle sagten nur Zwerg zu mir; komm her du Zwerg, geh weg du Zwerg, keiner sagte Manuel zu mir, nur: el enano; ich habe nirgendwo richtige Arbeit bekommen, weil ich so klein und schwächlich war, bei der Eisenbahn haben sie mich abgelehnt, bei der Post haben sie abgewinkt, die Bauern haben nur gelacht, wenn ich wegen Arbeit nachfragte, und als ich mich bei den Fischern an der Küste beworben habe, da haben sie gesagt, ich tauge höchstens als Galionsfigur; nach Deutschland zu gehen, den Gedanken hatte ich damals schon, aber ich hatte einfach nicht den Mut, ich hatte Angst vor meinen Eltern, vor den Behörden, überall, wo ich hinkam, hat man mich ausgelacht, sie haben nicht nur el enano gesagt, sie haben mich auch Senorita genannt; im Nachbardorf war ein Mann, der so alt war wie mein Vater, der arbeitete in Deutschland, den habe ich einmal gesehen, als er meinen Vater besuchte mit einem deutschen Auto, das ihm auch gehörte, den habe ich dann, als er wieder wegfuhr und mein Vater im Haus war, hinter die Scheune gewinkt und habe ihn über Deutschland ausgefragt und wie man dorthin kommt; er hat mir gesagt: Zwerg, bleib in Spanien, wenn du nach Deutschland kommst und der Unternehmer sieht dich, der lacht sich krumm und stellt dich höchstens ein als Aschenbecher in seinem Büro; da bin ich völlig mutlos geworden, es kam eine Zeit, da wollte ich mir das Leben nehmen, ich habe mich gefragt, was soll ich auf der Welt, wo dich die Leute auslachen und du von der eigenen Familie verachtest wirst; die Zuneigung zu den Jungen wurde immer stärker und ich mußte immer Verstecke suchen, die Suche nach Verstecken wurde immer schwieriger, ich bin dann ein braver Kirchgänger geworden, aber das war nur Heuchelei von mir, damit mich überhaupt jemand ernstnahm, und dann hat mich der Priester eingestellt als Küster und als Mädchen für alles, ich bekam mein Essen und ein paar Peseten, die reichten für Zigaretten, ein halbes Jahr habe ich gewissenhaft ausgeführt, was er mir aufgetragen hat, und zu Hause waren sie zufrieden mit mir und manchmal sogar stolz auf mich, das hat mir gut getan, und die Leute im Dorf grüßten zurück, wenn ich sie grüßte, aber dann knöpfte der Priester mir eines Tages den Hosenschlitz auf; da bin ich weggelaufen, weg aus meinem Dorf.

Manuel trieb sich monatelang in Spanien herum, er tauchte unter in Madrid und Valencia, Barcelona und an den Touristenstränden, er nahm jede Arbeit an, die man ihm bot, er verkaufte sich auch als Strichjunge, besonders in Touristenorten war es nicht schwer und sein Verdienst betrug das Vielfache von dem, was er in seinem Dorf hatte. Dann griff ihn die Polizei auf. In Barcelona wurde er zu sechs Monaten Gefängnis verurteilt, die er auch absitzen mußte. Unter Polizeiaufsicht wurde er in sein Dorf zurückgebracht. Da erst begann die Zeit der eigentlichen Demütigungen. Er wurde geschlagen, er wurde von seinem Vater im Dorf zum Verstoßenen erklärt. Manuel hatte keinen Beruf erlernt, es gab einfach nichts zu erlernen, seine schmale und schwächliche Figur waren ihm dabei das größte Hindernis; er durfte froh sein, wenn ihm Gelegenheitsarbeiten angetragen, Botengänge aufgetragen wurden: Stall ausmisten, die Milch mit dem Esel zur Straße bringen, für Nachbarn und Handwerker ins nächste Dorf fahren, auch der Priester wollte ihn wieder in seine Dienste nehmen, aber Manuel lehnte ab. Ein Jahr lebte er nur von der Gnade anderer, er wurde mehr herumgestoßen und hörte mehr Flüche, als er Peseten in seiner Hand sah, sein Lohn bestand meist nur aus einer Mahlzeit und die machte ihn selten satt. In dieser Zeit betrieb er heimlich seine Ausreise nach Deutschland. Er fürchtete anfangs, seine Vorstrafe könnte ein Hindernis sein. Das aber traf nicht zu, er war kein politischer Fall. Die Post ließ er an seinen Bruder, mit dem er sich immer besser stand und der für seine Vorliebe für das gleiche Geschlecht Verständnis aufbrachte, nach La Corunia schicken.

Drei Mal mußte er zur ärztlichen Untersuchung, zwei Mal wurde er als zu schwächlich für eine Arbeit in der Bundesrepublik abgewiesen, dann jedoch gab ihm ein Freund seines Bruders den Rat, den Arzt zu wechseln. Der stellte ihm das erforderliche Attest aus. Dafür mußte er dem Arzt mehrmals gefällig sein.

Alles hat seinen Preis, alles, hier in Spanien wie überall auf der Welt, und in Spanien haben viele Dinge noch einen viel höheren Preis, aber es dauerte trotzdem noch eine Ewigkeit, bis ich in Deutschland ankam; Papiere und Papiere, Paß erst dann, wenn ich Arbeit in Deutschland nachweisen konnte, und die konnte ich nicht; dann traf ich einen in La Corunia, das heißt, mein Bruder hat diese Begegnung arrangiert, der arbeitete schon das dritte Jahr in Deutschland, der versprach mir, sich um mich zu kümmern, er wollte mir eine Bescheinigung aus Deutschland schicken, auf der zu lesen war, daß mir dort eine Arbeitsstelle sicher ist; zu Hause war es unerträglich geworden, sie nannten mich weiterhin el enano, ich mußte jede Arbeit machen und ich war froh, daß ich überhaupt ab und zu Arbeit bekam für ein paar Peseten, ich war geduldet und oft nicht einmal das, und gaben sie mir Essen, dann durfte ich nicht an ihren Tischen sitzen, hätte ich mich beschwert, hätte mich mein Vater geschlagen; anfangs habe ich gedacht, naja, der verspricht dir was, damit er dich los wird, der fährt nach Deutschland zurück und vergißt dich; und tatsächlich, ich hatte schon nicht mehr daran geglaubt, dauerte es ein halbes Jahr, dann erhielt ich von Alfredo einen Brief mit einem Schreiben seiner Firma, daß sie mich

einstellen werden, ich konnte es ja nicht lesen, ich habe es
mir übersetzen lassen; Alfredo war in Duisburg in einem
Baugeschäft; da bekam ich dann doch einen Schreck, weil es
endlich so weit war und ich bekam Angst, weil es doch so
weit weg war, ein Land, das ich nicht kannte, und weil ich
mir eine ganz andere Arbeit vorgestellt hatte, aber ich
bekam endlich meinen Paß und durfte ausreisen; alles
mußte heimlich sein, meine Eltern, die Geschwister, die
Leute im Dorf durften nichts wissen; aber wie das anstellen,
ich hatte kein Geld für die Fahrkarte, ich wußte aber, wo
mein Vater seine Peseten versteckt hielt, so etwas wie Bank
oder Sparkasse, das kannte er nicht, er verwahrte sein Geld
in einem Schuhkarton und der Schuhkarton stand im Kleiderschrank und der Kleiderschrank war immer verschlossen
und es war für mich fast unmöglich, ungesehen da ranzu-
kommen; hatte ich doch keine Arbeit, und die meiste Zeit
lungerte ich doch nur rum, bis mich einer rief, dann
versteckte ich mich immer in der Nähe unseres Hauses und
wartete darauf, daß einmal die Luft rein war, von Eltern
und Geschwistern nichts zu sehen war; da bin ich in die
Stube und habe mit einem kleinen Beil den Schrank aufge-
brochen und der Schuhkarton war voller Peseten, nur Scheine, ich habe in meiner Angst herausgenommen, was ich
fassen konnte mit zwei Händen, dann bin ich weggelaufen,
wie ich war, aus dem Dorf auf die Straße Richtung La
Corunia, da hat mich ein Lastwagen mitgenommen, ich
konnte gerade noch die Scheine in meine Tasche stopfen,
daß es nicht aufgefallen ist; in Corunia bin ich auf den
Bahnhof und habe auf meinen Bruder gewartet, dem habe
ich alles erzählt, der hat mich nicht angeschrien und mich
nicht verraten, der hat nur gesagt: gib mir Geld, ich kaufe
dir eine Fahrkarte nach Duisburg; ich wußte doch nicht, wo
Duisburg war, ja, auf der Landkarte habe ich es schon
gefunden, aber das reichte nicht, sich etwas darunter vorzu-
stellen; mein Bruder kam nach einer Ewigkeit zurück, ich
hatte Angst, daß im letzten Moment alles schief laufen

könnte, er hatte die Fahrkarte in der Hand und einen Zettel, auf dem stand, wo ich umsteigen mußte, er sagte, daß ich drei Tage unterwegs sein werde, ich mußte erst nach Madrid fahren, warum, das weiß ich bis heute nicht, wahrscheinlich dachte mein Bruder, ich würde es mir noch einmal überlegen; von dem gestohlenen Geld blieb mir dann noch so viel, daß ich mir unterwegs etwas zu Essen kaufen konnte und dabei hatte ich gedacht, ich hätte meinem Vater ein Vermögen geklaut, natürlich, für meinen Vater war es ein Vermögen, wie es für mich eins war, damals; mein Bruder hat mir seine Jacke gegeben, eine alte Aktentasche und Toilettensachen, er sagte, ich soll ihm später, wenn ich in Deutschland verdienen werde, Geld aus Deutschland schikken; dann fuhr ich los mit großer Angst, ich hatte nur einen Gedanken: an der Grenze werden sie mich aus dem Zug holen, weil mich entweder mein Vater angezeigt hat oder weil ich für die Grenzer nicht vertrauenserweckend aussehe, die müssen mir meine Angst schon von weitem ansehen; ich kann nicht beschreiben, wie das war, als ich damals über die Grenze nach Frankreich fuhr, alles hinter mir ließ, das Dorf, die Eltern, die Leute, die mich mißbrauchten und verachteten und verspotteten, vor allem dachte ich an meine Mutter, die trotz allem immer noch gute Worte für mich gefunden hat, und vor mir ein Land, das ich nicht kannte und eine Stadt, die sich so schwer aussprechen ließ; da hatte ich plötzlich keine Angst mehr vor meiner Familie und daß mein Diebstahl entdeckt werden wird, da hatte ich Angst, weil ich nicht wußte, was auf mich zukommen würde, ich sprach kein Wort Deutsch, kein Wort Französisch; und als ich in Köln ankam, da habe ich meine Peseten eingetauscht, die ich noch hatte, dafür bekam ich genau sechzig Mark, dann bin ich zurück auf den Bahnsteig und habe einen Mann in Uniform gefragt: Duisburg; der hat auf einen Zug gedeutet, ich bin eingestiegen, in Duisburg ausgestiegen, ich habe ein Taxi gerufen und habe dem Fahrer die Adresse von Alfredo gezeigt, der hat genickt, die Fahrt hat fünfzehn Mark gekostet, aber als ich dann am Ziel war, vier Baracken waren es, und ich bin auf die Baracken zugegangen, da hätte ich weinen mögen und ich glaube, ich habe auch tatsächlich geweint, denn die Männer, die da hin und her liefen, die auf mich zukamen und fragten, wen ich suche, die sprachen Spanisch; ich dachte: so sieht das Glück aus.

Manuel Mendizabal erhielt Arbeit und in Alfredos mmer, in einer der Baracken, Bett und Schrank. Mendiza l war buchstäblich nur mit dem, was er auf dem Leib tru n die Bundesrepublik gekommen. Der Betriebsleiter hatte ihn, als er sich am nächsten Tag vorstellte, abschätzend gemustert, hatte über ihn kurz gelacht und zu ihm gesagt, er solle nur aufpassen, daß er nicht in der Mischtrommel verschwindet und irgendwo einbetoniert wird, dieser Däumling. Später hat sich Manuel einmal das Märchen vom Däumling erzählen lassen. Alfredo mußte Manuel anlernen. Anfangs arbeitete Manuel an den Übergaben der Förderbänder, die von den Lastkähnen Kies und Sand an Land und in die Lagerung der Betonbaufirma beförderten; eine relativ leichte Arbeit, eigentlich nur eine zusätzliche Überwachung. Das war im Sommer 1968. Manuel war knapp 25 Jahre alt, er hatte von der Firma einen kleinen Vorschuß erhalten, weil Alfredo für ihn gebürgt hatte, er erhielt anfangs einen Stundenlohn von DM 5,80, für die Schlafstelle in der Baracke, zwei Männer auf einem Zimmer, Tisch, Stühle, zwei breite Leichtmetallschränke und ein Gaskocher, mußte er im Monat fünfzig Mark bezahlen. Es waren gemauerte Baracken mit Zentralheizung und einem Gemeinschaftsraum mit einem Fernsehapparat, neben den Baracken ein kleiner Sportplatz.

Mich haben die Baracken und das Leben in den Baracken nie gestört, es klingt in deutschen Ohren vielleicht unglaubhaft, aber mir sind die Baracken sofort so etwas wie Heimat gewesen, es lag wohl auch daran, daß alle spanisch sprachen, daß mir alle geholfen haben am Anfang, mich sozusagen eingeführt haben in das deutsche Leben, mich störte nichts, ich war anspruchslos, ich hatte ein Bett, ich wurde satt, ich

hatte Arbeit und eine geregelte Arbeitszeit, über die Arbeit
haben mich auch meine Kollegen aufgeklärt, hier ist ja alles
anders als in Spanien, man muß sich an die Umstände erst
gewöhnen, über Kissen und Decken hatte ich bunte Überzü-
ge, die nach einer gewissen Zeit gewechselt wurden, gewaschen und gebügelt wieder zurückkamen; und keiner hat
mich gehänselt, weil ich so klein war, wohl sagten die
Spanier el enano und die Deutschen Däumling zu mir, aber
sie sagten das nicht böse, nicht verletzend, da gab es auch so
etwas wie einen Hausmeister für die Baracken, ein Deutscher, ein Invalide, der mußte bei uns nach dem Rechten
sehen, mit dem Alten verstand ich mich sofort gut, der hat
mich auch mehrmals zu sich nach Hause eingeladen, der
wohnte bei seiner Tochter in einer schmutzigen Straße, der
hat mal zu mir gesagt: du wirst bestimmt bei der Arbeit kein
Bein verlieren, wie ich, mit einem Stock humpeln müssen
und einer quietschenden Prothese, du bist einfach zu klein
für einen Arbeitsunfall, das hat auch seine Vorteile, der Alte
hat mir auch die Grundbegriffe der deutschen Sprache beigebracht; als ich ein halbes Jahr in Duisburg gearbeitet
hatte, haben sie mich dann an die Mischtrommel gesetzt, ich
verdiente zwei Mark mehr in der Stunde und ich habe viele
Überstunden machen müssen, ich habe mir da auch was
sparen können, ich brauchte ja nicht viel, ich war genügsam,
hatte nie was anderes kennengelernt in meinem Dorf, ich
habe auch gespart, weil ich nie weggegangen bin im ersten
Jahr, entweder Arbeit oder im Zimmer auf dem Bett,
geschlafen, Radio gehört, spanische Zeitungen gelesen,
deutsche Wörter gelernt, von der Arbeit gekommen,
geduscht, etwas gegessen, jeden Tag, und das ein ganzes Jahr
lang, nur sonntags bin ich mit anderen in die Stadt bummeln
gegangen oder wir haben bei schönem Wetter am Rheinufer
gesessen, ich habe keinen Pfennig ausgegeben; dann, nach
einigen Wochen, habe ich nach Hause geschrieben, daß es
mir leid tut, sie mögen mir verzeihen, das mit dem Geld und
das mit der Heimlichkeit, mit der ich meine Ausreise

betrieben habe, schon ein paar Tage später erhielt ich von meinem Vater einen Brief, er schrieb, daß alles vergessen ist, wenn ich ihm die Summe zurückschicke, das war mehr als ein Monatslohn; ich habe dann aber das Dreifache geschickt von dem, was ich meinem Vater schuldig war, und wieder wenige Tage später kam ein Brief, darin stand, daß ich ein guter Sohn wäre und daß ich jederzeit wieder nach Hause kommen könnte, mein Bett bleibe immer für mich reserviert und alle würden sich freuen, wenn ich wieder komme zu Besuch, und ich soll keine Schulden machen und soll nicht mit Männern gehen, in Deutschland gäbe es genug schöne Mädchen; ja, das war mein Start in Duisburg, und Alfredo hat mir immer geholfen, er hat, wie man so sagt, die Steine weggeräumt vor meinen Füßen; und dann die Sprache; ich wußte, als ich halbwegs aus dem Dreck heraus war und allein schwimmen konnte, daß ich so auf die Dauer nicht weiter leben konnte, nur Arbeit und das Bett und überlegen, ob man noch etwas essen darf, damit es nicht zu viel kostet, ich war an der Trommel eingesetzt, an der Mischanlage, aber ich hatte auch mitbekommen, daß man anderswo noch mehr Geld verdienen kann und leichter, und daß es noch mehr gibt als nur Arbeit und abends müde ins Bett, dann habe ich Alfredo überredet, daß wir einen Kursus belegen in der Volkshochschule, ich bin in den Grundkursus, Alfredo ist in einen Kursus für Fortgeschrittene, das haben wir dann auch gemacht, abends, ein ganzes Jahr lang, die Gebühren dafür sind ja nicht so hoch, daß man es nicht bezahlen könnte; ohne die Sprache zu beherrschen, ist man in einem fremden Land ein Stummer, da wird man einfach wohin gesetzt, man kann sich nicht wehren, weil man sich nicht verständlich machen kann, man ist nur ein Gegenstand und kein Mensch; man will aber doch ein Mensch sein, auch ein dreckiger Arbeiter will ein Mensch sein.

Manuel spricht gut Deutsch. Man erkennt an seiner Aussprache noch den Ausländer, aber im Ausdruck ist er gewandt und in der Umgangssprache hat er keine Schwierigkeiten mehr. Nach einem Jahr hielt es ihn auch nicht mehr in der Baracke, abends und an Wochenenden suchte er mit Alfredo deutsche Gaststätten auf, ging ins Kino, um seine Sprachkenntnisse zu verbessern. Schwierigkeiten mit Deutschen hatte er nicht, weil man in ihm, schon durch sein Äußeres, keinen Ausländer vermutete. Wahrscheinlich fand er auch deshalb sehr schnell eine eigene Wohnung. Jetzt bewohnt er eine abgeschlossene Eineinhalbzimmerwohnung in einem Neubau in Ruhrort, ein Appartement, die Möbel hat er sich nach und nach zusammengekauft, der Vermieter bemerkte erst, als der Mietvertrag längst unterschrieben war, daß Manuel Ausländer ist, und heute – Manuel wohnt immer noch in dieser Wohnung, er hat sich ein Farbfernsehgerät gemietet – sagt der Hausbesitzer, er hätte keinen besseren Mieter bekommen können, Manuel sei sauberer und bescheidener, als es deutsche Mieter überhaupt sein könnten, er habe zwar den Verdacht, Manuel gehöre der anderen Fakultät an, aber das sei seine Angelegenheit. Manuel bezahlt pünktlich seine Miete, macht keinen Lärm und die Nachbarn haben sich über ihn noch nie beschwert.

Eines Tages bin ich mit Alfredo nach Düsseldorf gefahren, da sind wir stundenlang über die Königsallee und durch die Altstadt gebummelt, da habe ich die vielen schönen Geschäfte gesehen und die schöne Kleidung in den Auslagen, diese wunderbare Herrenkleidung, ich war wie geblendet, da habe ich mir gesagt, so etwas ist nicht nur für reiche Leute, obwohl die Sachen doch sehr teuer sind, das ist auch für mich gemacht worden, man muß es nur kaufen und anziehen, man muß einfach den Mut haben, dieses modische Zeug zu tragen, nicht immer nur das verlotterte Zeug, das ich bis dahin trug; wenn man gut gekleidet geht, dann gilt man auch mehr in den Augen der anderen, besonders hier in Deutschland; das habe ich dann auch getan von dem Tag an, und dann, ich hatte ja genug gespart, ich habe mir einen gebrauchten kleinen Fiat gekauft und alle haben gefrotzelt und zu mir gesagt, für meine Größe gibt es keine Autos, da müßte erst eines konstruiert werden, aber der kleine Fiat war gerade das richtige Fahrzeug für mich, der fährt heute noch, mit dem bin ich sogar schon zwei Mal nach Spanien gefahren, natürlich, es gibt auch Autos für kleine Leute; heute bin ich zufrieden, die Zeit in Spanien kommt mir vor wie ein böser Traum; die deutschen Arbeitskollegen waren immer gut zu mir, jaja, die üblichen Reibereien am Arbeitsplatz, keiner war böse zu mir, vielleicht nehmen sie mich alle nicht so ernst, aber am Arbeitsplatz werde ich respektiert, ich kann nur sagen, sie waren immer gerecht, einmal gab es Scherereien, weil ich nicht in die Gewerkschaft wollte, aber heute sehe ich ein, wie wichtig die Gewerkschaft ist, ich bezahle gerne meinen Beitrag; auf die Deutschen kann man sich verlassen, auch bei der Arbeit, vor allem bei der Arbeit, am Arbeitsplatz werde ich wie ein Deutscher behandelt, da gibt es keine Unterschiede, ich verdiene jetzt tausendzweihundert Mark netto, Miete bezahle ich dreihundertfünfzig Mark mit Heizung, ich komme ganz gut zurecht, Fernando ist ein guter Freund, wir kommen gut miteinander aus, besser, als die meisten Ehepaare, es gibt zwischen uns keinen Streit, wahrscheinlich auch, weil wir nicht zusammen wohnen, jeder hat seine vier Wände, vielleicht würde manche Ehe besser funktionieren, wenn man nicht dauernd zusammenhocken müßte.

Im Sommer 1974 wurde Manuel von seinem Bruder, der ihm damals als einziger aus der Familie geholfen hatte, in Duisburg besucht. Acht Tage später reiste er wieder ab, er verstand sich nicht mehr mit Manuel, er hatte ihm vorgeworfen, er sei schon Deutscher geworden und habe Spanien längst vergessen. Er war weder von Manuels Leben noch von der Bundesrepublik beeindruckt, er fühlte sich gehetzt, gegängelt und eingesperrt zugleich, und als Manuel nicht nachließ, seinem Bruder gegenüber die Deutschen in den hellsten Farben zu malen, reiste er ab. Das Leben in der Bundesrepublik war ihm zu kalt. Und als Manuel im August 1974 für vier Wochen nach Spanien fuhr, um in seinem Dorf seinen Urlaub zu verbringen, ließ sich sein Bruder nicht sehen. Als er ihn in La Corunia besuchte, ließ er sich verleugnen. Manuel leidet noch immer darunter.

Das mit meinem Bruder, das schmerzt mich, aber in meinem Dorf werde ich empfangen wie der Caudillio, aber mein Bruder bleibt weg, wahrscheinlich kann er nicht vertragen, daß ich glücklich bin, endlich glücklich in meinem Leben, warum will er mich zwingen, auf die Deutschen zu schimpfen, sie haben mir doch erst ermöglicht, wie ein Mensch zu leben und daß ich wieder heimkehren kann und daß sie mich in meinem Dorf achten, auch wenn diese Deutschen Däumling zu mir sagen, das aber sagen sie nicht so, wie meine Leute el enano gesagt haben, ich habe hier erfahren, daß man auch wie ein Mensch leben kann, nicht unter der Fuchtel von Vater und Mutter und von den Nachbarn verachtet, und vor allem immer unter der Fuchtel der Kirche, für die alles Sünde ist, was man tut, die sagen Sünde, wenn man etwas gestohlen hat und die müssen doch wissen, daß man nicht stehlen würde, wenn man nicht Hunger hätte; ich muß wahrscheinlich immer ein bißchen mehr arbeiten als die anderen, weil ich jeden Tag beweisen muß, daß kleine Leute auch etwas leisten können, ja, in Deutschland muß man arbeiten, eine Pause einlegen, das wird einem schon als Schwäche oder Faulheit ausgelegt, jeder Deutsche denkt schon, alles bricht zusammen, wenn man mal fünf Minuten länger auf der Toilette sitzt, was aber am schlimmsten ist, das ist, weil jeder jeden treibt und weil sich jeder von jedem treiben läßt, die Deutschen sind so vernarrt in ihre Arbeit, daß sie sich am liebsten selbst in den Hintern treten würden, wenn sie es könnten, und arbeiten sie mehr, dann ist ihnen das Lob des Vorgesetzten oft mehr wert als das Geld, das sie dafür bekommen, jeder verhält sich bei der Arbeit so, als müsse er beweisen, wie tüchtig er ist und daß es ohne ihn nicht geht; ja, sie sind tüchtig, aber sie sind auch untertänig, sie gehorchen, wo sie protestieren müßten, sie protestieren, wo man andere zum Teufel jagen müßte, wahrscheinlich ist es deshalb so gut in Deutschland, weil jeder mit sich alles machen läßt, von Würde bleibt da nicht viel übrig, ach, diese deutschen Arbeiter, jeder sieht nur sich, keiner hat für den andern Zeit; wir hatten im Betrieb mal einen Deutschen, der war mit den Arbeitsbedingungen nicht einverstanden, der sagte ständig, wir müßten Staubmasken tragen und die Staubmasken müßte der Betrieb liefern, kostenlos, der redete jeden Tag auf uns ein, wir sollten einen Sitzstreik machen, damit uns der Betrieb die Staubmasken liefert, wir Spanier waren alle dafür, aber die deutschen Kollegen haben keine Ruhe gelassen, bis er von selbst gekündigt hat, die wollten nämlich keine Staubmasken tragen, weil sie ihnen lästig waren und doch haben sie dauernd über den unerträglichen Staub geschimpft, sie sagten zu dem Mann, sie wollten keine Querulanten in der Firma haben, dabei wollte der Mann nur Gerechtigkeit, nicht nur für sich, für uns alle wollte er das, manche deutschen Arbeiter verhalten sich so, wie folgsame Faschisten bei uns in Spanien, die sagen sich, der Unternehmer hat so lange recht, bis die Gewerkschaft nicht das Gegenteil behauptet; auch kann ich nicht verstehen, daß viele deutsche Arbeiter nicht in der Gewerkschaft sind, keine Beträge bezahlen, aber an allem verdienen sie mit, wenn die Gewerkschaft einen neuen Tarif aushandelt, dann kriegen sie den auch, obwohl sie nicht in der Gewerkschaft sind und mit ihrem nicht bezahlten Beitrag die Gewerkschaft doch schwächen, nein, das ist nicht gerecht, wer nicht in der Gewerkschaft ist, der sollte auch nicht den Lohn kriegen, den die Gewerkschaft für ihre Arbeiter aushandelt, man sollte solche Leute einfach aus dem Betrieb werfen.

Manuel Mendizabal tritt seit 1973 in einigen Kaufhäusern als Dressman auf, bei diesen Modeschauen verdient er sich an einem Tag nebenbei einige hundert Mark, aber er will das nicht als Beruf ausüben, ein dementsprechendes Angebot wurde ihm von einem Düsseldorfer Modeatelier bereits gemacht, es ist ihm zu unsicher. Er hat beim sachkundigen

Publikum Erfolg: es ist die Selbstverständlichkeit, mit der er über den Laufsteg geht. Alfredo ist mit seiner Nebenbeschäftigung nicht einverstanden, er befürchtet, Manuel als Lebensgefährten zu verlieren.

Ich bin mit meinem Leben zufrieden, arbeiten muß man überall und nicht überall hat man Arbeit, ich habe Arbeit, die will ich nicht leichtfertig aufs Spiel setzen, sie sagen, ich bin ein zuverlässiger Arbeiter, ich will es auch bleiben, sonst laufe ich eines Tages womöglich einer Arbeit hinterher, ich bin schon zu lange hinterhergelaufen, ich will das nicht noch einmal, die Jahre stehen mir noch wie ein Schreckgespenst vor Augen.

Nach einer Meldung des Bundesarbeitsministeriums vom
6. August 1974 ist die Zahl der Gastarbeiter, trotz konjunk-
tureller Flaute und schwieriger Arbeitsmarktbedingungen,
konstant geblieben. Daß die Zahl der Gastarbeiter seit Ende
1973 praktisch nicht zurückgegangen ist, wird damit erklärt,
daß gerade jetzt viele Ausländer ihren Arbeitsplatz in der
Bundesrepublik zu halten versuchen. Die früher beobach-
tete Abwanderung nach einer gewissen Beschäftigungsdauer
ist zurückgegangen. Zudem werden »Lücken« dadurch aus-
geglichen, daß sich in zunehmendem Maße die Ehefrauen
von Ausländern und heranwachsende Jugendliche in den
Arbeitsprozeß eingliedern. Nach einer Übersicht des
Arbeitsministeriums sind folgende Gastarbeiter in der Bundesrepublik beschäftigt:

Türken	540 000
Jugoslawen	480 000
Italiener	410 000
Griechen	275 000
Spanier	180 000
Portugiesen	70 000

Der Anteil der Frauen an der Beschäftigungsquote beträgt
ungefähr 30%. Weiter heißt es in der Übersicht des Arbeitsministeriums: Das EG-Assoziierungsabkommen mit der
Türkei wird ab 1976 bis 1986 schrittweise Freizügigkeit
auch im Verhältnis zu diesem Land bringen, angesichts der
in der Türkei registrierten 1,4 Millionen Arbeitnehmer, die
in die Bundesrepublik streben, sehen die zuständigen deutschen Stellen diesem Zeitpunkt nicht ohne Beklemmung
entgegen. Sie erwägen deswegen Maßnahmen, um den deutschen Arbeitsmarkt von dieser Flut nicht überrollen zu lassen. Dazu gehört, die Freizügigkeit für Türken an Voraus-
setzungen zu binden und sie nur denen zu gewähren, die

einen Arbeitsplatz und eine entsprechende Unterkunft in der Bundesrepublik nachweisen können. Die bereits geltende Freizügigkeit für Arbeitnehmer aus EG-Staaten, so wird in diesem Zusammenhang argumentiert, habe sich für diesen selbst nicht nur positiv ausgewirkt. Sie sind in besonderem Maße von Unterbringungsschwierigkeiten betroffen und oft außerhalb jeder Kontrolle in die Hände von Verleihfirmen geraten, die ihre Arbeitskraft mit besonderem Nutzen »weiterverkaufen«.

**Max von der Grün
Stellenweise Glatteis**

Sammlung
Luchterhand

Sammlung Luchterhand

Band 181

„Es ist frappierend und beunruhigend, wie Max von der Grün
ein Bild der Arbeitnehmer-Situation zeichnet, das die
materiellen Vorzüge und Sicherungen eher hervorhebt als
verkleinert, und wie er gerade von hier aus handfest und
glaubwürdig das noch unbestimmte Verlangen nach Veränderung motiviert. Unter dem Aspekt einer fordernden,
Anerkennung für Menschenrechte fordernden Gerechtigkeit
ist der Roman eine Befragung sozialer Realität, die sich
von dieser nicht ablenken läßt... Ein Buch wie dieses gibt
dem realistischen Erzählen deshalb einen Inhalt, weil es
konsequent an einem noch immer nur vage bekannten
Realen orientiert ist, das authentische Befragung dringlich
fordert: an den gesellschaftlichen Verhältnissen. Nicht von
irgendwelchen beliebigen Ausgangspunkten, sondern von den
heute und hier konkreten Verhältnissen her verweist
,Stellenweise Glatteis' auf Menschen, Menschlichkeit und
Solidarität. Max von der Grün hat einen außerordentlichen
Roman geschrieben."
Heinrich Vormweg, Süddeutsche Zeitung

Max von der Grün
Zwei Briefe an Pospischiel
Roman. 221 Seiten.
Sammlung Luchterhand Band 155

Der freiheitliche Raum des Menschen, so verstehe ich
Max von der Grüns Roman, beginnt nicht um 17 Uhr und
endet nicht morgens um sieben. Die Arbeit selbst muß
frei sein — und man antworte nicht, jeder könne sich seine
Arbeit suchen, wo er wolle; das ist, beim Stande gegen-
wärtiger Planung und notwendiger Umschulung pure
Illusion.
Eine ziemlich trübe Erkenntnis. Leider. Und ein guter
Roman.
Heinz Ludwig Arnold, Frankfurter Rundschau

Max von der Grün kennt die Leute, die er beschreibt, er weiß,
wie sie reden, was sie denken, er hat mit ihnen gelebt und
vermag sie mit sicherem Griff darzustellen . Das Milieu
ist von unwiderlegbarer Authentizität. Die Szenen, in denen
Pospischiel von seiner Umgebung gegen den eigenen Willen
zur Fahrt nach Waldsassen gedrängt wird, sind ein
psychologisches Meisterstück. Pospischiels Ehe tritt klar
wie unter dem Röntgenschirm hervor, und zwar ohne daß
viele Worte gemacht würden. Es liegt an der Auswahl dessen,
was gesagt wird, an den unterschwelligen Affekten, die
in den Dialogen mitschwingen, es liegt an der komplex
gesehenen Umwelt, die ständig ins Handeln der Menschen
eingreift, nie vom Autor vergessen wird.
Eminent, was in diesem Buch an unauffälliger Sozialkritik
geleistet, wie viele irrationale Verhaltensweisen ins
Licht gehoben werden. Die Unmenschlichkeit der modernen
Industriewelt wird am konkreten Fall demonstriert,
zugleich werden alle sozial getönten Phrasen auf die wahren
Verhältnisse reduziert.
Hans Albert Walter, Die Zeit

Luchterhand

Max von der Grün
Wie war das eigentlich?
Kindheit und Jugend im Dritten Reich
Mit einer Dokumentation von Christel Schütz
und einem Nachwort von Malte Dahrendorf
264 Seiten. Ppbd. Mit 40 Abbildungen.

Kinder erzählen sich „Judenwitze" oder „schmücken"
ihre Schulbänke mit Hakenkreuzen. Analysen von
Schulaufsätzen offenbaren totale Verwirrung und
bestürzende Unkenntnis über die Zeit des National-
sozialismus. Indizien dafür, daß Lehrer, Eltern und
Autoren immer noch zu wenig getan haben, um
Kindern und Jugendlichen zu ausreichenden Kennt-
nissen über dieses nachwirkende Kapitel deutscher
Geschichte zu verhelfen.
Max von der Grün erzählt seine eigene Jugendgeschich-
te, die seiner Familie, und darüber hinaus, die Geschichte einer Epoche totalitärer Herrschaft.

Luchterhand